KB130369

부부 사랑의 Hi-Five,
평생 행복 찾기

하이파이브
부부 행복

하이파이브 부부 행복

초판 1쇄 발행 2019년 5월 1일

지 은 이 김진수
발 행 인 권선복
편   집 유수정
디 자 인 유수정
전 자 책 서보미
발 행 처 도서출판 행복에너지
출판등록 제315-2011-000035호
주   소 (157-010) 서울특별시 강서구 화곡로 232
전   화 0505-613-6133
팩   스 0303-0799-1560
홈페이지 www.happybook.or.kr
이 메 일 ksbdata@daum.net

값 15,000원
ISBN 979-11-5602-714-0 13190

도서출판 행복에너지는 독자 여러분의 아이디어와 원고 투고를 기다립니다.
책으로 만들기를 원하는 콘텐츠가 있으신 분은 이메일이나 홈페이지를 통해
간단한 기획서와 기획의도, 연락처 등을 보내주십시오. 행복에너지의 문은 언
제나 활짝 열려 있습니다.

부부 사랑의 Hi-Five,
평생 행복 찾기

하이파이브
부부 행복

김진수 지음

도서
출판 행복에너지

추천사

박성배 | CBS 방송아카데미 교수, 『일어나다』, 『인생 건축술』 외 저자

김진수 저자의 『하이파이브 부부 행복』을 기쁜 마음으로 추천합니다. 이 책은 가정과 부부의 소중함을 얘기하고 있습니다. 더불어 사랑을 실천하기 위한 방법들을 제시하고 있습니다. 그것이 바로 이 책의 가치라고 할 수 있겠습니다. 『하이파이브 부부 행복』을 읽으면서 느낀 유익한 부분을 말하고자 합니다.

첫째, 『하이파이브 부부 행복』은 내용 면에서 구성이 튼튼한 책입니다. 저자는 가정과 부부의 소중함을 다섯 손가락에 비유했습니다. 각 장마다 각각의 다섯 손가락을 상징적으로 내세워 구성했습니다. 강의내용으로 삼아도 손색없을 만큼 알찬 이야기를 담았습니다. 가정의 소중함을 새삼 다시 느낄 수 있는 책입니다.

둘째, 『하이파이브 부부 행복』은 저자의 체험에서 나오는 진솔한 삶의 고백입니다. 김진수 저자와 책과 관련한 대화를 나누다 보면 저자의 성실함을 느낄 수 있습니다. 저자의 이러한 성실한 자세와 삶의 체험이 녹아있는 책입니다. 유익하다고 할 수 있습니다.

셋째, 『하이파이브 부부 행복』은 저자의 앞날에 새로운 길을 열어줄 책이라는 확신이 듭니다. 이 책은 백 세 시대를 살아갈 우리에게 더없이 필요한 콘텐츠입니다. "한 권의 책은 든든한 은퇴 자본이다."라는 말이 있습니다. 저자는『하이파이브 부부 행복』을 바탕으로 많은 이들에게 강의하면서 살아가게 될 것입니다. 저자에게 이 책은 든든한 은퇴 자본이 되어줄 것입니다.

작가 장 폴은 "우리의 인생은 한 권의 책과 같다."라고 했습니다. 『하이파이브 부부 행복』은 저자 일생의 고백이 담겨있는 "인생의 책"입니다. 독자 분들이 이 책을 계기로 삼아 가정과 부부 행복을 새롭게 꾸려갈 수 있는 기회를 얻게 되기를 바랍니다. 좋은 책을 추천할 수 있게 해주서서 감사합니다.

하이파이브 부부 행복,
아름다운 동행의 길로 초대하며!

가정의 행복은 부부에게 달려있다!

불화를 겪는 가정들이 적지 않다. 원만한 소통과 대화, 이해를 통해 잘 꾸려가는 가정이 있는 반면에 불행만을 만들어내는 가정의 수도 적지 않다. 가정의 행복은 모두가 바라는 바다. 그럼에도 막상 생각처럼 쉽게 이루어지지 못하는 이유는 무엇일까. 그것은 바로 실천이 어렵기 때문이다. 가정의 구성원들 각자에게 주어진 역할이라는 게 있다. 그중에서도 아버지의 역할은 단연코 중요하다고 말할 수 있다. 그러나 아버지 혹은 남편으로서의 역할이 미흡하고 충실하지 못하다면 문제가 발생한다. 아내는 불만이 생기고, 자식

들은 상처를 받게 된다. 이러한 가정이 체질을 바꿔 새로이
개선한다면 불행의 늪에서 벗어나 행복의 길로 나아갈 수
있을 것이다.

부부의 행복을 토대로
건강하고 행복한 사회를 만들어가야 한다!

부부란 남남이 만나 하나가 된 관계다. 그러니 함께 사는
일이 결코 순탄할 리만은 없다. 신혼 때만 해도 서로 초심을
잃지 말자고 다짐하지만, 실천하기가 어디 쉬운 일인가. 혼
인 서약에서도 초심을 잃지 말자는 선언까지 하였다. 그렇
다면 마땅히 함께 가야 할 길이다. 서로 힘을 모아 부부 생
활을 순조롭게 이어가는 것이 맞다. 그러나 마냥 쉽지만은
않다. 서로 자라온 환경이 다르고 성격이 다르니, 그 '다름'
의 문제가 늘 걸림돌이 되고 만다. 때로는 경제적인 문제로
삐걱거리기도 한다. 하지만 가장 큰 문제는 역시나 역할 수
행의 문제다. 특히나 남편의 경우가 그렇다. 그간 언론을 비
롯한 각종 미디어 매체에서 보고된 바에 따르면, 남편이 가
장으로서의 역할을 충실히 수행하지 못한 데에서 불화의 씨
앗이 싹트곤 한다. 통계적으로 그런 경우가 많다. 남편이 자
신의 역할을 제대로 수행하지 않을 경우 건강한 가정을 이

루기가 쉽지 않다. 남편이 어떻게 하느냐에 따라 가정이 행복해질 수도, 불행해질 수도 있다. 남편의 행동이나 언행이 아내와 자식들에게 적지 않은 영향을 끼친다고 볼 수 있다. 이와 같이 가정의 행복이 건강한 모습으로 주변에 번져갈 때, 우리 사회는 물론 인류를 위한 행복의 꿈이 원대하게 실현될 것이다.

『하이파이브 부부 행복』은 손가락 각각의 특징에 의미를 부여해 구성하였다!

'하이파이브(Hi-Five)'란 두 사람이 서로 뜻이 맞거나 호흡을 맞춰갈 때 손바닥을 부딪치는 행위를 말한다. 행복을 얘기하는 일종의 제스처라고 볼 수 있다. 이는 일상에서 기분을 업그레이드할 때 사용하는 유연한 방식이기도 하다. 양 손바닥이 맞부딪치는 자세는 꼭 부부의 모습과도 닮았다. 하이파이브처럼 양 손바닥이 맞부딪힐 때에야 비로소 인생이 즐겁고 행복해진다. 그래서 책 제목을 『하이파이브 부부 행복』으로 정했다. 각 손가락마다 고유한 상징적인 의미를 부여하였다. 엄지손가락은 '강인함(가정의 소중함이 행복을 꽃 피운다)', 집게손가락은 '집중력(부부 행복이 삶의 운명을 정한다)', 가운뎃손가락은 '브랜드(가정의 행복은 아내에게 달려 있다)', 약지손가락은 '관계성(아내의 행복은 남편 하기 나름이다)'. 새끼손가락은 '디테일(행복은 실천의 힘으로 키운다)'로 구성하였다.

하이파이브 I : 엄지손가락

가족의 소중함을 통해 행복을 발견하고자 했다. 또한 가족의 강인한 힘이 원동력이 되어, 행복한 가정을 꾸려갔으면 하는 바람을 가졌다. 즉 모든 가족이 사랑의 힘으로 한마음이 되어 행복 에너지를 창조해 나가도록 하였다. 끝까지 응원하는 가족이 있기에 언제든지 행복이 싹틀 수 있다는 긍정적인 마인드를 고취시켰다.

하이파이브 II : 집게손가락

가정의 행복이 부부 행복으로부터 만들어진다는 사실을 언급했다. 꾸준히 실천하길 강조하였다. 또한 부부의 힘을 키워 행복을 성취할 수 있다는 자신감을 갖도록 하였다. 부부가 함께하는 인생 여정이 축복스런 삶으로 이어질 수 있길 바랐다. 부부간에 작고 사소한 일들에서 기쁨을 나누고 행복의 기적을 만들어가는 내용을 담았다.

하이파이브 III : 가운뎃손가락

가정의 행복 브랜드는 아내의 손에서 만들어진다. 이 사실과 함께 남편의 중추적인 역할을 강조하였다. 아내의 세심함이 집안을 살찌우게 할 수 있다는 점도 빼놓지 않았다. 남편이 바라는 아내의 상은 물론, 자식들이 존경하는 어머니상을 일목요연하게 정리했다. 무엇보다도 아내 스스로의 노력이 있어야만 튼튼한 가정으로 성장할 수 있다는 말을 덧붙였다.

하이파이브 Ⅳ : 약지손가락

남편의 건강하고 바른 생각이 아내의 협조적인 행동을 낳는다. 남편이 아내에게 잘해줘야 하는 이유를 정리했다. 또한 가정 행복의 성공은 남편과 아내의 원만한 관계에서 이뤄짐을 고취시켰다. 이에 남편이 아내에게 잘할 수 있는 여러 가지 사례들을 제공했다. 또한 남편이 가정에서 행동으로 보여줄 수 있는 모범사례를 언급했다.

하이파이브 Ⅴ : 새끼손가락

Part Ⅰ에서 Part Ⅳ까지의 내용으로 평생 행복의 가이드라인을 제시하였다. 즉 행복을 이뤄가는 꿈의 목표를 설계하고, 생활 실천 로드맵으로 실행토록 했다. 이를 통해 새롭게 변화하고 성숙된 가정의 행복한 모습을 이어가고, 미래를 내다보는 계기를 생각해 보도록 하였다. 즉 하이파이브

부부 행복 꿈 설계하기 – 로드맵 실행하기 – 벤치마킹하기
– 평생 이어가기 – 미래 내다보기 등이다.

『하이파이브 부부 행복』을 통한 평생 행복의 길로 여러분
을 초대합니다!

2019년 봄에 부부 행복을 꿈꾸며

김진수

1장 엄지손가락: 강인함
가정의 소중함이 행복을 꽃피운다

2장 집게손가락: 집중력
부부 행복이 삶의 운명을 정한다

3장 가운뎃손가락: 브랜드
가정의 행복은 아내에게 달려있다

4장 약지손가락: 관계성
아내의 행복은 남편 하기 나름이다

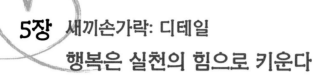

5장 새끼손가락: 디테일
행복은 실천의 힘으로 키운다

1장

엄지손가락 : 강인함
가정의 소중함이 행복을 꽃피운다

"이 세상에 태어나 우리가 경험한
가장 멋진 일은 가족 사랑을 배우는 것이다."

— 조지 맥도널드 —

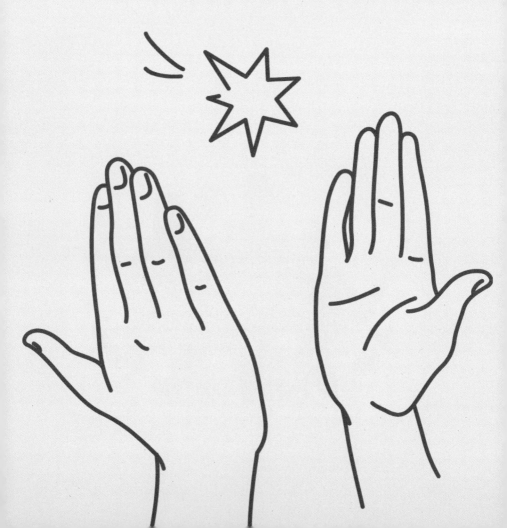

세상에서 가장 소중한 선물인 가족

"가족들이 서로 맺어져 하나가 되어 있다는 것은 정말 이 세상에서 유일한 행복이다."

— 퀴리 부인 —

가족이라는 말만큼 좋은 말도 없을 것이다. 떠올리기만 해도 눈물이 핑 도는 단어이다. 가족은 언제나 믿고 의지할 수 있는 든든한 삶의 반석이다. 어떤 시련이 닥쳐도 가족과 함께라면 끄떡없다. 예수도 "여우도 굴이 있고 새들도 보금자리가 있으나 나 인자는 머리 둘 곳이 없다."라고 탄식하지 않았던가. 그만큼 가족이 소중하다는 의미다. 가족이라는 공동체는 혈연관계를 바탕으로 한다. 하지만 꼭 혈연관계가 아니더라도 가족의 구성원이 될 수 있다. 입양이 바로 그런 경우다. 가족은 같은 지붕 밑에서 한솥밥을 먹고 산다. 식솔이라고도 부르지 않던가. 식탁에 모여 앉아 함께 밥을 먹는 사람들을 우리는 가족이라고 부른다.

사람이 태어나 최초의 인간관계를 맺는 곳, 그곳이 바로 가정이다. 그런 이유에서 가정이란 마음의 공간이기도 하다. 가족에 대한 기억은 그 사람의 평생을 지배한다. 어린 시절, 가족에 대한 기억은 먼 훗날 성인이 된 이후에도 영향을 주곤 한다. 필자도 부모님의 형제들이 많이 없어서 친척들의 폭이 넓지 못했다. 그래서 유년 시절엔 퍽 외로웠다. 더구나 어머님께서는 무남독녀로 태어나신 분이다. 오직 7남매 자식들만을 의지하며 살아오신 분이다. 그래서 우리는 가족이 많은 이웃들을 부러워하곤 했다. 먹고살기 힘든 시절에 자식들만 많았으니 부모님의 고생은 이루 말할 수 없이 컸다. 자식으로서 보답할 겨를도 없이 돌아가셨으니 마음 아프기 짝이 없다. 부모님이 돌아가시고 남은 형제들은 하늘이 내게 준 인연이요, 선물이다.

"마음이 지척이면 천 리도 지척이오, 마음이 천 리면 지척도 천 리다."라는 말이 있다. 이는 서로의 마음이 가까워지려면 그 전에 먼저 물리적으로 가까워져야 함을 의미한다. 가족은 한 지붕 밑에서 한솥밥을 먹는 사이다. 따라서 가족은 마음이 서로 가까워지기 쉬운 조건에서 사는 사람들이다. 그렇기에 가족은 사회를 구성하는 가장 최소한의 집단으로 본다. 또한 가족은 상호 작용하는 존재로서 시스템적인 관점으로 볼 수 있다. 우리나라의 전통적인 가정은 개인보다는 집단을 중요시하는 곳이었다. '나'보다는 '우리'를 중요시했다. 그러나 이제는 서구의 모습을 닮아가고 있다. '우리'보다 '나'를 중요시하는 사람들이 늘어가는 추세이다. 결국 대가족 형태에서 핵가족으로 변하고 만 것이다. 지나치게 개인주의화로 치닫는 면이 있어 아쉬운 현상이다. 그렇지만 어느 한쪽으로 치우치는 것이 아니라 개인적 자의식과 공동체 의식이 균형 있게 어우러져 조화를 이루었으면 하는 바람이다.

요즘은 핵가족 시대다. 자녀의 수도 점차 적어지고 있다. 하지만 양육의 어려움은 전보다 더해진 것 같다. 어려움의 주된 원인은 부부의 근로 형태다. 맞벌이 부부가 늘어나면서 육아의 어려움이 가중된 것이다. 시간적인 여유가 없을 뿐더러 직장 일에 쫓기듯 살아가기 때문이다. 우리도 맞벌이로 정년까지 직장생활을 했으니 애들에게 제대로 잘해주지 못했던 것이 못내 마음에 걸린다. 남편으로서 아내에게도 더 잘해줬어야 했는데… 하는 깨달음과 함께 후회가 밀려든다. 가정은 어머니의 품처럼 아늑한 둥지가 되어 언제나 사랑을 주는 곳이어야 한다. 지난 세월을 가만히 돌이켜보며 자문해 본다. 나는 과연 남편이나 아빠의 역할에 충실

했는가. 문득 자책하는 마음이 든다. 직장생활 때문이라고 변명을 늘어놓은 적도 있었다. 가족에 대한 애정을 쉽게 잊고 지낸 지난날들을 반성한다.

일상에서도 가족의 소중함과 인생의 행복을 깨닫곤 한다. 하지만 필자는 일상생활에서 깨닫기보다는 다양한 책들을 통해 배우고 느꼈던 순간들이 더 많다. 아쉬운 점이 있다면 많은 것을 배우고 느낀 가치 있는 일들을 실제 행동으로 옮기지 못했다는 점이다. 미처 실천하지 못한 일들이 마음 한편에 늘 과제처럼 남아있다. 그러니 나는 이제부터라도 실천할 것이다. 가족에게 좀 더 가까이 다가가고자 하는 노력을 기울일 것이다. 늘 소통하고 대화하고자 할 것이다. 또한 가족들에게 "사랑한다.", "고맙다.", "미안하다." 등의 따뜻한 사랑의 표현을 자주 하고자 한다. 그뿐만 아니라 가족들의 마음을 보듬어주는 역할을 하고 싶다. 누군가의 아빠로서 혹은 남편으로서 가족들을 더욱 응원하고자 한다.

오늘날 현대인들에게 가정이란 과연 어떤 존재일까. 편안하게 여겨져야 할 가정을 삶의 굴레처럼 여기는 사람들이 있다. 참으로 문제가 아닐 수 없다. 식구들 간의 갈등으로 인해 불화를 겪는 가정이 있다는 것이다. 가족이란 서로 아끼고 보듬어 사랑을 키워야 하는 존재들이다. 그런데 오히려 오늘날엔 점차 불행의 싹을 키우는 꼴이 되어가고 있으니 이게 참 안타깝다.

넓은 우주 공간에서 바라본다면, 조그만 울타리 내의 가정사란 것은 전혀 대수롭지 않은 일로 여겨질 것이다. 그러나 그 좁은 공간 속에 있는 가정에서도 여러 가지 미묘한 일들이 전개되고 있다. 소소한 일들이 가정 내에서는 대단하게 다뤄지기도 한다. 이것은 가족 간에 이해의 엇갈림이 있기 때문이다. 가족은 나의 힘이자 때로는 한없이 미운 애증의 존재이기도 하다. 하지만 가족이라는 이름으로 생겨나는 즐거운 일들이 더 많다. 가정 내에 늘 좋은 일만 생긴다면 얼마나 좋을까. 하지만 현실은 생각만큼 그리 호락호락하지 않다. 그럼에도 사람들이 늘 가정을 찾는 이유는 가족이야말로 혈육의 정과 사랑으로 뭉쳐진 관계이기 때문이다.

행복한 가정은 단지 가족들만의 의지로 성사될 수 있는 것이 아니다. 행복한 가정이 되기 위해선 우선 사랑이 깃들어야 한다. 사랑의 기술도 필요하다. 그러니 항시 배우고 깨우쳐야 한다. 사랑하는 사람이 가장 아프게 한다고 했던가. 남보다도 가족이 주는 아픔이 더 크게 느껴질 때도 있다. 가족은 서로의 허물을 덮어주는 존재가 되어야 한다. 사랑과 용서로 서로의 허물을 감싸고 아껴주어야 한다. 가족은 세상에서 가장 아름다운 선물이다. 그만큼 거룩하고 성스러운 관계가 되어야 한다. 우리는 가족의 소중함을 자주 잊고 산다. 특히 자녀들이 그렇다. 자녀들은 부모님의 헌신을 대수로이 여기는 버릇이 있다. 시간이 한참 흐른 후에야 불효를 저질렀다며 후회하는 경우가 적지 않다. 간혹 티비 뉴스에서 패륜을 저지른 소식을 접할 때면 눈살이 절로 찌푸려진다. 혈육의 정은 천륜의 관계로 받아들여 사람의 도리를 다해야 한다. 부모님의 은혜는 절대 잊지 말아야 한다.

우리는 아침에 눈을 뜨게 되면, 마음속으로 기도한다. 오늘도 행복하게 해달라고. 특히나 가족의 행복을 기원하는 마음이 크다. 우리는 가족이라는 이름으로 한 울타리 안에서 생활하는 것을 행복이라고 여기면서 살고 있다. 가족이야말로 가장 아름다운 최고의 선물이다. 어찌 보면 가족으로부터 진정한 행복을 배우는지도 모른다. 가족이야말로 행복의 출발점으로 초석을 닦아야 할 위치에 있는 것이다. 사람이 살아가면서 유달리 많이 회자되는 주제가 바로 행복이다. 모두가 가정의 행복을 바라고 있다. 그러나 과연 가족 구성원들 모두가 서로를 이해하고 소통하며 사랑하는 모습을 보이는가. 그건 생각해 볼 문제다.

행복의 조건이 무엇이라고 생각하는가. 이 질문에 대한 답은 사람마다 다르다. 우리가 살아가는 이유 중의 하나가 바로 가족이다. 가족이 있기 때문에 그 안에서 행복의 의미를 찾기도 한다. 이처럼 가족은 사람에게 행복을 가져다주는 역할을 한다. 피는 물보다 진하다고 했다. 같은 혈육인 가족은 남과 다른 존재다. 무조건 내 편이다. 우리는 이 세상에 태어난 것만으로도 이미 축복받은 삶을 살고 있는 것이 분명하다. 이를 잘 보존하고 간직해서 자신의 것으로 만들어야 한다. 그러기 위해서는 무엇보다도 관계를 아름답게 키워나가야 한다. 가정도 마찬가지다. 사랑 없는 행복이란 기대할 수 없다. 가족들 간의 원만한 소통과 이해로 사랑을 나눠야 한다. 사랑이란 서로 나누면 나눌수록 커지는 감정이다. 가족은 보람과 기쁨으로 가득한 가정을 꾸려나가야 한다.

이처럼 우리의 삶에 있어서 가족과 행복은 불가분의 관계다. 하지만 가족을 이룬다고 해서 행복이 거저 얻어지는 것은 아니다. 행복해지기 위해선 가족 구성원 모두가 노력해야 한다. 온전한 행복의 길로 들어서기 위해서는 삶의 주인이 되어야 한다. 자신의 행복을 만들어가야 한다. 그리고 변화를 꿈꾸어야 한다. 여러 가정이 모여 사회를 이루는 법이다. 가정의 행복이 어떻게 유지되느냐에 따라 사회의 모습이 달라질 수 있다. 즉, 가족이 지금보다 나은 모습으로 개선될 때에야 비로소 건강하고 행복한 사회가 될 수 있을 것이다.

행복을 위해서 가족을 알고 챙기기

"행복한 가정은 모두 비슷한 이유로 행복하고, 불행한 가정은 제각각 다른 이유로 불행하다."

— 톨스토이, 『안나 카레니나』 —

우리는 가족이라는 이름 앞에서는 맹목적인 자세가 되곤 한다. 강재현 시인의 시, 「가족」의 전문을 옮겨본다.

맑은 공기나 물처럼 / 늘 함께 있기에 그 소중함을 모르고 / 지나치는 사람들이 있습니다 // 너무 익숙해진 탓에 / 배려하지 않고 내뱉는 말들로 / 가장 큰 상처를 주게 되는 사람들 // 늘 그 자리에 있는 / 사람들이라고 믿기에 / 기다릴 필요도, 이유도 없기에 / 그리움의 이름을 / 붙여주지 않는 사람들 // 함께 있을수록 / 더 많이 보아야 할 사람들 / 가까이 있을수록 / 더 깊이 보아야 할 사람들 // 익숙해서 편안할수록 / 더 살뜰히 챙겨야 할 사람들 // 더 뜨겁게 / 서로의 가슴을 안고 살아가야 할 사람들 // 바로 '가족'이라는 이름입니다.

— 강재현, 『공감』 중에서 가족의 시

사람은 결혼을 통해 새로운 가족을 형성하며 가족 안에서 성장한다. 가족은 마치 신성불가침의 대상처럼 여겨진다. 가정을 이루는 순간 모든 것이 하나가 될 수 있을 것만 같다. 이처럼 가족이라는 소속감은 모든 행위의 초석이 되는 큰 힘을 발휘할 수 있다. 또한 가족과 잘 어울릴 수 있다면 세상과도 조화를 이룰 수 있다. 가족이 아닌 다른 사람들과도 자연스레 어울릴 수 있다. 가족이란 서로 사랑하고 돌보는 관계다. 이러한 가족의 기능이 발휘되면 아름답고 행복한 세상을 맞이할 수가 있다. 그러니 가족원 모두가 이러한 이치를 빨리 깨달아야 한다. 가족도 시간의 흐름에 따라 끊임없이 변한다. 가정은 가족들의 사랑과 이해, 지지를 얻을 수 있는 안식처 같은 곳이다. 그러나 때로는 가족들 간에 마찰이 일어나기도 한다. 그런 이유에서 가족은 누구에게나 애증의 대상이다.

21세기 가족문화연구소에서 편역한 『행복한 결혼 건강한 가족』에서는 건강한 가족에 대해 몇 가지 항목으로 집약해서 기술하고 있다. 건강한 가족을 연구한 결과 건강한 가족은 다음과 같은 특징을 보였다고 한다.

1. 헌신 (믿음, 정직, 신뢰, 성실)

2. 긍정적 의사소통 (감정의 공유, 칭찬, 비난의 회피, 타협, 이견 조정)

3. 정신적 안정 (신념, 배려, 가치의 공유, 인류애)

4. 애정과 존중 (상호 간의 보살핌, 우정, 개인의 존중, 유머)

5. 함께 시간 보내기 (질적인 시간, 생산적인 시간, 친구와 함께하기, 휴식 및 즐거운 시간)

6. 스트레스 위기 극복 (적응력, 위기 극복을 통한 성장, 변화에의 개방성, 복원력)

그러나 대부분 가정에서는 위와 같이 자기 가족에 대한 다양한 장점들을 잘 알고 있지 못하다고 한다. 그러한 사실을 빨리 깨달아야 가정이 행복해질 수 있다.

현존하는 사회제도 중에서 '가족'은 가장 오래되고 적응력 있는 제도다. 인간은 혼자서는 살 수 없는 동물이다. 인류의 초기부터 사람들은 집단생활을 시작했다. 사회적 지지를 얻기 위해 등장한 집단이 바로 가족이다. 가족은 앞으로도 끊임없는 변화를 통해 지속적으로 진화할 것이다. 이러한 변화 속에서 가족의 가치는 점차 더해질 것이다. 또한 사회에서 가족이 차지하는 비중은 계속 커질 수밖에 없다. 건강한 사회를 이룩하기 위해서는 행복한 가족의 수가 점차 늘어나야 한다. '가족 치유의 어머니'라고 불리는 버지니아 사티어는 자신의 저서인『가족 힐링』에서 이렇게 말했다. 가정생활에는 네 가지 요소가 반복적으로 등장한다고 말이다. 여기에서 '생기 넘치고 양육적인 가정'과 '문제 있는 가정' 간의 서로 다른 점이 나타나고 있다. 버지니아 사티어의『가족 힐링』에서 발췌한 부분을 이곳에 옮겨 적는다.

첫째, 자존감 – 자기 자신에 대한 감정과 생각
　→ (양육적인 가정) 자존감이 높다.
　→ (문제 있는 가정) 자존감이 낮다.

둘째, 소통 – 서로에게 의미를 전달하기 위해 사용하는 방법
　→ (양육적인 가정) 가족 간의 소통이 직접적이고 명료하며 구체적이고 솔직하게 이루어진다.
　→ (문제 있는 가정) 가족 간의 소통이 직접적이지 않고 모호하며 솔직하지 않다.

셋째, 규칙 – 어떻게 느끼고 행동해야 하는가에 대한 법칙으로 가족 시스템
　→ (양육적인 가정) 가족 간의 규칙에 융통성이 있고 인간적이며 언제든 변화 가능하다.

→ (문제 있는 가정) 가족 간의 규칙이 경직돼 있고 인간적이지 못하며 타협이 불가능하다.

넷째, 사회와의 관계 – 가족 이외의 다른 사람이나 조직들과 관계
→ (양육적인 가정) 사회와 관계 맺는 것에 개방적이고 희망적이며 선택을 기반으로 한다.
→ (문제 있는 가정) 사회와 관계 맺는 것을 두려워하고 회유적이며 책임을 떠넘긴다.

버지니아 사티어는 위의 사항에 대해 "새로운 학습과 인식에 따른 변화가 얼마든지 가능하다."라고 피력했다. 또한 "가족에게서 나타나는 공통적인 현상은 어떤 가족을 접하든, 어디에 살든 같은 문제에 직면한다."라고 하였다. 즉 가족들은 부정적이든 긍정적이든 자존감을 가지고 있다는 것이다. 문제는 어느 쪽이냐 하는 점이다. 또한 가족들은 소통을 한다. 문제는 그것이 어떻게 이루어지고, 그 결과로 어떤 일이 벌어지느냐 하는 점이다. 가족들은 규칙을 따른다. 문제는 그게 어떤 종류의 규칙이고, 그 사람에게 얼마나 효과적이냐 하는 점이다. 아울러 가족들은 사회와 관계를 맺는다. 문제는 어떤 방식으로 관계를 맺고, 그 결과가 어떤가 하는 점이다.

가족이라는 존재에 대해 고민해 본 적 있는가. 어느 날 주변 사람이 '가족에 대해서 아느냐?' 하고 물으면, 싱겁게 그건 왜 묻느냐며 대꾸할 것이다. 이런 질문은 새삼스럽기도 하고, 낯설기 때문이다. 한편으론 명쾌한 대답을 곧장 할 수 있는 사람이 과연 얼마나 될까 하는 의문이 들기도 한다. 가족이란 내가 선택할 수 있는 대상이 아니다. 세상에 태어나 첫울음을 뱉었을 때부터 이미 정해진 운명적 관계인 셈이니까. 그 운명 안에서 가족이라는 이름으로 더불어 살고 있는 것이다. 필자도 어렸을 땐 가족의 존재가 주는 감흥이 덜했다. 그러나 철이 들어서 어려움을 겪고 힘들었을 때, 가족의 중요성을 깨달았다. 세상에서 가장 소중한 인연을 맺었다는 걸 뒤늦게 깨달은 셈이다.

우리 집도 어머님이 세상을 일찍 떠나셨다. 그만큼 어머니의 빈자리를 크게 느끼며 자랐다. 특히 성장기엔 많이 힘들고 외로웠다. 어머니가 일찍이 세상을 떠나셨으니, 나와 형제들은 힘든 시기를 겪었다. 오랫동안 방황의 늪에 빠져 헤어 나오지 못했다. 힘들고 아팠던 시절이 꽤 길었다. 지금도 어머님을 생각하면 마음이 아프다. 자식으로서 아무것도 해드리지 못하고 보내드린 것 같다. 그 점이 평생 후회로 남아있다.

가족이란 이런 존재다. 늘 곁에 존재한다는 이유만으로 평소엔 그 고마움을 잊고 산다. 곁을 떠나갔을 때에야 비로소 가족의 소중함을 느낀다. 가족의 사랑과 베풂을 어느 순간 당연하게 여기고 마는 것이다. 그 고마움을 느끼면서도 정작 표현하는 일엔 인색하고 서투르다. 부모님의 은혜를 갚지 못하고 살아온 것을 후회하게 된다. 그래서 사람이 살아가면서 자신의 모습을 명확히 할 필요가 있다. 자신의 역할을 다하지 못했다면, 뒤늦게라도 그 역할에 충실해야 한다. 후회를 줄이기 위해선 매사에 깨어있는 마음을 가져야 한다. 우리는 그 옛날 가족이라는 이름으로 비록 어렵게 살아왔을지라도, 깊은 정으로서 공동체의 운명을 함께했던 것 같다. '정'이야말로 인간관계를 이루는 인연의 끈이라고 할 수 있다. '가족'을 정의하는 재미있는 SNS 글이 있어 이곳에 소개해 본다.

1. 가족은 '두부'다.
▶ 조심하지 않으면 부서질 수 있다. 언제나 가만가만히 다루어야 하는 소중한 존재다.

2. 가족은 '붕어빵'이다.
▶ 추운 겨울에 무엇보다 절실하게 생각난다. 급히 먹으면 입

안을 데일 수 있다. 중요한 단팥은 겉이 아닌 속에 있다.

3. 가족은 '박카스'다.

▶ 박카스를 마시면 피로가 풀리는 것처럼, 사랑하는 가족을 보면 하루의 피로를 모두 잊을 수 있다. 가족은 내게 영양분이 되어준다.

4. 가족은 '저금통'이다.

▶ 처음 시작할 땐 달가닥 소리가 날 정도로 텅 빈 상태다. 하지만 시간이 지날수록 무겁고 든든하게 채워져 곧 목돈을 마련해 준다. 돈이 모이듯 사랑이 모여 내게 기쁨을 가져다준다.

5. 가족은 '화초'다.

▶ 애정과 관심을 얼마나 주느냐에 따라 아름다울 수도 있고 아닐 수도 있다.

6. 가족은 '진입로'다.

▶ 진입로에서는 양보가 필요하듯, 가족끼리도 상대를 위해 늘 배려하는 마음이 있어야 더욱 아름다운 관계로 유지되니까.

7. 가족은 '풍선'이다.

▶ 누군가가 따뜻한 입김을 불어 넣으면 날아갈 듯 부풀어서 행복감을 안겨주니까.

8. 가족은 '밥'이다.
▶ 하루 세끼 밥을 꼬박꼬박 먹어도 다음 날 또 배고픈 것처럼, 사랑도 꾸준히 먹어야 온화한 정으로 살아갈 수 있으니까.

그저 가까이에 있다는 이유만으로 가족의 소중함을 자주 잊고 산다. 그러다가 자신이 힘들고 외로울 때, 문득 가족 생각이 난다. 그제야 가족의 소중함을 깨닫는 것이다. 그러니 평소에 잘하자. 평소에도 내 곁의 사람들을 늘 챙겨야 한다. 가족에 대한 감사한 마음을 언제나 잊지 않는 것. 그것이 바로 행복으로 가는 길이라고 할 수 있겠다.

함께할 때 일어나는 가족의 변화

"가족의 운명은 매일 벌어지는 일상의 그림자에 깔린, 서로의 느낌과 요구를 이해하는 데 달려 있다."

— 버지니아 사티어 —

'가화만사성(家和萬事成)'이란 '집안이 화목하면 모든 일이 잘 이루어짐'을 뜻하는 한자성어이다. 이 말은 좋은 가훈의 표본으로 여겨진다. 화목한 가정을 이루는 것은 가족의 구성원이 함께할 때 가능하다. 가족의 힘은 우리 모두에게 행복의 근원이자 따뜻한 보호초가 되는 원동력이다. 그래서 가족은 세상에서 가장 소중하고 축복받은 인연이라고 할 수 있다.

삶이란 곧 남과 더불어 사는 일이다. 때문에 나만 홀로 애쓰고 노력한다고 해서 제대로 되는 것이 아니다. 서로 힘을 모아 모두가 함께할 때만이 시너지 효과가 나타난다. 가족관계도 다른 문제들처럼 함께 가야 하는 것이 맞다. 그렇기 때문에 가족 간에는 서로의 격려와 용기는 물론, 응원의 손길을 건네주는 것이 절대적으로 필요하다. 때로는 칭찬과 박수, 어깨를 다독여 주는 역할도 서슴없이 해주어야 한다. 즉 기쁨이 되고 힘이 될 수 있는 말 한마디가 가족에게는 큰 축복이 된다는 사실을 알아야 한다. 이런 행동은 복을 짓는 일이다. 서로 간에 나눔을 실천할 때만이 비로소 가족의 힘을 북돋울 수 있고, 행복을 불러일으킬 수 있다.

가정이란 단어는 듣기만 해도 포근함이 느껴진다. 그만큼 정겨운 마음이 드는 곳이 바로 가정이다. 가정이란 서로에게 온기를 베풀어주고 기꺼이 어깨를 내어줄 수 있는 편안한 곳이다. 또한 서로의 허물과 아픔이 조건 없이 받아들여지고, 모든 상처가 회복될 수 있는 평화의 공간이기도 하다. 세상은 바닷가의 모래알만큼 수많은 인연들로 이루어져 있다. 그중에서 가족이라는 이름으로 만났다는 것은 그만큼 축복할 일이다. 값진 인연이다. 가족이기 때문에 서로가 서로에게 힘이 된다. 일상에서 함께하는 일들이 무수히 많다. 같이 밥을 먹고, 잠을 자고, 이야기를 나누는 등의 일상생활을 함께하면서도 그 속에선 소중함을 잊고 산다. 그러다가 어느 날 가족이 떠나간 후에야 두고두고 가슴앓이하며 그리움으로 되새김질한다. 그러니 평소에 잘해야 한다. 평소에도 늘 사랑하는 마음으로 다가가야 한다. 가족이 나에게 늘 든든한 울타리가 되고 있다는 사실을 떠올리면 마음 한편이 든든해진다. 나도 무조건 가족의 편이 되어 힘을 실어주는 것이 맞다. 이렇게 내 마음을 가족들에게 내어줌으로써 소중한 가족의 의미를 되새겨 본다.

가족은 꼭 어머니의 따뜻한 품 속 같다. 언제든 돌아갈 수 있는 아늑한 둥지가 되어준다. 아무 조건 없이 나를 사랑해주고 받아주는 사람들. 그들이 바로 '가족'이다. 하지만 이런 정의가 과연 오늘날의 가족에게도 적용되고 있는가. 이런 가족이 얼마나 될까 하는 의구심이 든다. 가족은 서로 편안함을 주는 존재가 되어야 한다. 그런데 가족이 마치 인생의 벗어날 수 없는 굴레처럼 걸림돌로 여겨지는 사례가 늘고 있다. 참으로 걱정이다. 에리히 프롬은 "사랑에도 기술이 필요하다"고 했다. 건강하고 행복한 가족이 되기 위해서는 배워야 한다는 얘기다. 또한 행복한 가정이 되려면 서로에게 책임을 전가해서는 안 된다. 내가 아닌 상대방에게 문제의 원인이 있다고 여기고 상대방만을 탓하면 행복과는 점점 더 멀어질 것이다. 다툼 과정에서 뚜렷한 이유를 찾지 못할 때에는 문제의 원인이 상대방이 아닌 나 자신에게 있는게 아닌지 생각해 볼 필요가 있다. 어떤 일이든 간에 근본적인 문제 속에는 자신이 개입되어 있음을 간과해서는 안 된다. 자신을 먼저 살피는 것이 중요한 일이다. 그래야만 해답을 빨리 찾을 수 있고 시간을 지체하지 않을 수 있다. 쉽게 해결할 수 있는 일을 두고 굳이 괴로워할 이유가 없는 것이다.

가족 치료사였던 버지니아 사티어는 자신의 저서 『가족 힐링』에서 "문제 있는 가정을 만든 원인은 대부분 출생 후 학습된 것들이다."라고 하면서 다음의 네 가지를 지적하였다. 우선 첫째, 당신의 가족이 때로 문제 있는 가족임을 인정해야 한다. 둘째, 과거의 실수를 용납하고 상황이 달라짐을 인정하면서 변화의 기회를 허락해야 한다. 셋째, 상황을 변화시키겠다고 마음먹어야 한다. 넷째, 변화를 위한 어떤 행동을 취해야 한다. 이와 같이 가족의 문제점을 좀 더 명확하게 바라보기 시작하면 바른길로 변화를 가져올 수 있다. 가족들이 겪는 고통의 원인들은 식구들의 눈에 보이지 않을 수도 있다. 이는 원인을 회피하는 게 아니라, 단지 어느 부분을 살펴야 할지 몰랐거나 원인을 제대로 직시하지 못하게 한 장애물이 있을 수 있기 때문이다. 결국은 가족들에게 기쁨과 고통을 야기하는 요소들을 충분히 바라보고 판단하는 노력을 할 필요가 있다.

부부가 싸우고 이혼하는 원인 중의 하나로 들 수 있는 것이 바로 '환경'이다. 생각해 보라. 결혼이란 남과 남이 만나 가족이 되는 일이다. 각자 몇 십 년 동안 서로 다른 환경에 서 살아온 사람들이 어느 날 한 지붕 아래서 살 맞대고 사는 일이 마냥 순탄하지만은 않을 것이다. 갈등과 마찰이 빚어 지는 건 당연한 일이다. 갈등이 해소되지 못하고 진행될 경 우 부부가 싸우고 이혼하게 되는 것이다. 이러한 이혼 사유 를 두고 흔히 '부부간에 서로 성격이 맞지 않는다.'라고 표현 한다. 하지만 알고 보면 이혼의 가장 근본적인 원인은 서로 다른 성장환경에 있다.

우리가 가정에서 쌓은 경험은 평생에 걸쳐 감정 채널을 고정시키게 한다. 즉 우리는 가족 관계를 통해 대인 관계에 대한 믿음과 기대를 갖게 된다. 가족 관계를 어떻게 이루었 느냐에 따라 인간관계가 그와 유사한 모습으로 형성되어 간 다. 때문에 우리는 가족 안에서 소속감으로 연결되어 애착 을 형성할 때에야 비로소 행복의 원천을 만들 수 있다. 또 한 자신의 정체감을 찾고 심리적 안정감을 갖게 된다. 반면 에 가족에게 소속되지 못한 사람은 자기 정체성과 자존감에 적지 않은 상처를 입을 수 있다. 이런 이유로 우리는 가정을 따뜻한 둥지로 생각해야 한다.

가족이 '가정의 행복'을 목표로 두고 힘을 모으려면, 내부 규칙이 마련되어야 한다. 가정마다 각자의 사정에 맞는 규칙을 정하면 될 것이다. 이 규칙은 가족들 간에 합의된 내용들로 구성하면 된다. 너무 거창한 것보다는 가정 내의 소소한 것들을 정하는 게 좋다. 가족들이 하나의 공통된 방향으로 올바르게 뜻을 모아 간다면 더할 나위 없이 좋다. 우선 규칙이 가족들의 성원 아래 짜임새 있게 만들어져야 한다. 달성하고자 하는 목표가 너무 높아서도 안 된다. 가족들의 뜻에 따라 적정선을 맞춰야 한다. 원대한 목표를 설정하고자 하는 뜻도 있겠으나, 쉽고 간략한 방법으로, 단계적으로 풀어나가야 한다. 그렇다고 규칙만 만들어놓고 운영을 제대로 하지 않는다면 실행 과정에서 왜곡될뿐더러 또 다른 문제를 야기할 수도 있다. 이러한 문제는 가장이 중심적인 위치에 서서 원만히 이끌어가야 한다. 가정의 규칙은 가족들의 의견을 모아 이루어진 것인 만큼 서로의 힘을 모아야 한다. 그래야 좋은 결과를 가져올 수 있다.

　　가족 문제는 시스템적인 관점에서 접근할 필요가 있다. 가족은 상호 작용하는 존재이기 때문이다. 사람은 사회적인 동물이다. 때문에 사회 구성원으로서의 삶을 살아가게 된다. 타인과 끊임없이 소통하는 임무를 수행할 수밖에 없다. 가족 역시 사회의 영향을 받지 않을 수가 없다. 사실 가정에서는 부부가 원만한 관계 형성을 이루고 있다면 별 문제가 없다. 결국은 부부 관계에 대한 변화와 혁신이 나타날 때에야 비로소 가족 시스템의 전체적인 변화가 나타나게 된다. 그렇다고 자식들이 뒷짐 지고 있을 수만은 없다. 자식들도 가족의 구성원으로서 힘을 모아야 한다. 그래야만 변화의 속도가 탄력을 받을 것이다. 가족의 변화는 어느 한 사람에게 맡길 문제가 아니다. 식구들 간의 소통이 원활해야 가능한 일이다.

보다 나은 성과를 거두기 위해서는 가족 간의 역할분담과 네트워크가 잘되어 있어야 한다. 우선 자기 자신부터 점검할 수 있는 역량을 키워야 모두에게 힘을 줄 수 있다. 자기 자신에게 '난 누구인가?', '난 뭘 하고 있는 걸까?'라는 질문을 던져보아라. 그리고 스스로 답하라. 스스로에게 질문하고 답을 찾아가는 노력이 필요하다. 가족은 보이지 않는 끈으로 연결되어 있다. 네트워크가 구축된 집단이다. 이처럼 가족이 네트워크로 잘 정비되어 있어야 시너지 효과를 낼수 있다. 이 네트워크에 따라 규칙에 맞는 각자의 역할을 수행함으로써 변화의 모습을 키워나가야 한다. 이러한 네트워크는 상호 간에 서로를 이해하고 원만한 소통을 이뤄나가는 통로가 되어야 한다. 가족 시스템이 틀어지면, 모두에게 상처가 되고 자녀들에게 심각한 장애 요인이 될 수도 있다. 가정의 행복을 위한다면 균형 잡힌 가족 네트워크가 잘 구축되어야 한다.

한국 축구가 2002년 한일 월드컵에서 4강까지 오르는 기적을 달성할 수 있었던 이유는 히딩크의 리더십 덕분이다. 타성에 젖은 시스템을 과감히 탈피한 덕분에 얻을 수 있었던 결과였다. 학연, 지연의 힘에 기대지 않고 순수하게 실력만으로 차출했기 때문에 박지성 같은 유능한 선수를 발굴할 수 있었다. 선수 능력 중심의 시스템으로 바꾸고, 히딩크식의 소통을 통해 큰 성공을 거두었다. 가정도 마찬가지다. 식구들 모두가 하나로 뭉쳐 가정의 문화를 발전시키려는 노력이 필요하다. 그래야 보다 발전할 수 있다. 물론 처음엔 쉽지 않을 것이다. 그럴듯한 분위기가 조성되지 않아 서투르고 미숙한 부분들이 나타날 수 있다. 그러니 꾸준한 인내가 필요하다. 인내를 갖고 나아가다 보면 언젠간 좋은 결과를 맞이할 수 있을 것이다. 무엇이든 간에 한 술에 배부를 순 없다. 그러니 꾸준히 인내하고 반복해야 한다. 반복을 거듭하다 보면 어느새 성숙하고 건전한 가정 문화를 만들 수 있을 것이다. 문화로 정착되기까지는 극복해야 할 과정이 많다. 성공이란 결코 그냥 만들어지는 것이 아니다. 실패를 발판 삼아 앞으로 나아갈 때에야 비로소 고지는 보일 것이다.

행복 에너지를 키워주는
사랑과 소통의 힘

"사랑의 힘은 죽음의 공포보다 강하다. 사랑은 나 이외의 사람을 나보다
더 아끼는 마음에서 우러나온다."

– 톨스토이 –

"소통하지 않는다면 어떠한 행복도 느끼지 못한다."

– 미쉘 드 몬테인 –

이 세상에서 가장 위대한 힘은 사랑이라고 했다. 우리는
사랑하지 않고는 살 수가 없다. 더구나 사랑이 없으면 우리
의 삶은 삭막하기 그지없을 것이다. 사랑이 없는 가정은 곧
파탄의 길을 걷게 된다. 그래서 사랑하지 않으면 행복할 수
가 없고 불행해진다. 사랑의 척도가 곧 행복의 척도가 되는
셈이다.

가정은 사랑의 가장 기초적인 출발선이 된다. 만일 부부
가 사랑하지 않으면, 부부로서의 도리에 어긋나 서로를 괴
롭히게 될 것이다. 누구보다도 자기 자신을 불행하게 만들
것이다. 사랑이란 그리 멀리 있지 않다. 그것은 우리 마음속
에 아주 가까이 간직되어 있다. 사람들은 사랑을 함께 나눠
야 한다는 것을 알고 있다. 그러나 서로를 변함없이 지속적

으로 사랑하는 일이란 결코 쉬운 일이 아니다. 그것은 힘들고 어려운 일이다. 이런 이유로 오늘날의 많은 사람들이 결혼 서약대로 사랑하지 못하고 이혼을 하고 만다. 가정의 평화를 깨고 마는 것이다. 이처럼 사랑은 가정을 이루는 데에 필수불가결한 존재다. 사랑 없이는 건강한 가정이 형성될 수 없다.

사랑이라는 것은 사람이 살아가는 데 절대적으로 필요한 사항이다. 그런데 많은 사람들이 이러한 사실을 간과한 나머지 그만 일을 그르치고 만다. 사랑은 단순히 감정이나 느낌의 문제가 아니다. 그것은 사람의 의지와 책임감 같은 도덕적 책무를 동반하는 일이기도 하다. 누군가를 사랑한다는 것은 곧 그 사람과의 여정에 고난과 시련이 따르더라도 그것을 함께 극복해 낼 용기를 지니는 것을 뜻한다. 사랑은 서로 간의 약속이다. 그러니 약속을 지켜야 한다는 다짐 아래 자신을 꾸준히 단련해야 한다. 남편의 작은 변화가 아내에게 안심과 신뢰를 가져다준다. 부부간의 사랑은 가정에 밝은 에너지를 선사한다. 자녀들의 얼굴도 환해지는 걸 느낄 수 있다. 즉 부부가 행복하면 자녀들도 평화스러운 분위기에서 행복을 만끽할 수 있게 된다. 사이좋은 부모를 보고 자라는 자녀들은 부모에게 보다 허물없이 접근해 문제를 쉽게 풀어간다.

 부부의 사랑이 깊을 때는 서로를 둘러싼 일상의 모든 것들이 그저 좋게만 보인다. 시부모님이나 장인, 장모님을 대하는 자세도 크게 달라진다. 또한 서로를 칭찬함으로써 가정의 분위기가 부드러워진다. 얼굴엔 온화함이 흐르며 기쁨과 감사의 마음을 갖게 된다. 가정이 평온하고 행복하다면 더 이상 바랄 것이 무엇이겠는가? 부부가 완성된다는 것은 다시 말해 서로 베풀고 기뻐하는 마음으로 배려하고 존중하게 된다는 뜻이다. 우리의 사랑은 소통과 아주 밀접한 관계에 있다. 외딴섬에 다리를 놓아 연결해 주듯 부부간에도 소통의 다리를 놓아주면 행복으로 가는 지름길이 열릴 것이다. 이러한 소통이 보다 원활하게 이루어지려면 경청의 자세를 가져야 한다. 경청이란 서로의 말에 귀를 기울이는 일이다. 경청하는 자세에는 무엇보다도 스킬이 필요하다. 따라서 이러한 기술적인 부분을 배우고 터득해서 실생활에 적용하는 것도 좋은 방법이라고 할 수 있겠다. 사랑과 소통의 힘은 삶의 지혜이다. 그래서 우리는 행복 에너지 파이를 키워가기 위한 능력 배양에 많은 노력을 해야 한다.

 사람들과 관계를 맺는 데 가장 중요한 요소로 작용하는

것이 바로 소통이다. 모든 관계 형성이 소통을 통해 이루어진다고 해도 과언이 아니다. 사람은 어렸을 때부터 타인과의 소통을 통해 사회성을 학습한다. 때문에 소통이란 평생 갈고닦아야 할 삶의 기초와도 같다. 버지니아 사티어는 소통에 참여하는 일에 대해 다음과 같이 정리한 바 있다. "몸으로는 움직임과 형태로서 참여하고, 가치관은 바람직한 인생을 살아가기 위한 사고방식으로 참여한다. 기대치는 과거 경험을 바탕으로 형성된 순간에 대한 기대치로 하고, 감각 기관은 보고 듣고 냄새 맡고 맛보고 촉감을 느끼는 것으로서, 언어 능력은 말과 음성으로, 뇌는 과거 경험으로부터 배운 것이나 기록된 내용을 포함한 지식의 저장소 등으로 소통의 요소들을 나누어 설명하고 있다. 이처럼 소통은 언어, 비언어적인 부분을 모두 필요로 하는 작용이다."

미뇽 맥로린(Mignon Mclaughlin)은 이렇게 말했다. "우리는 다른 사람이 말하는 것의 절반만 들으며, 그중의 절반만을 이해하고, 그중의 절반만을 믿으며, 그리고 그중의 절반만을 기억한다." 이처럼 사람은 소통을 매개로 삼아 관계를 이어나간다. 따라서 소통의 기술은 관계를 형성하는 데 터득해야 할 중요한 기술 중의 하나다. 경청의 기술은 특히나 중요하다. 말을 잘하는 것만큼이나 중요한 것이 바로 잘 듣는 일이기 때문이다. 말하기를 통해 자신의 주장을 상대방에게 분명히 전달해야 하고, 경청을 통해 정확한 이해를 해야 한다. 또한 소통 과정에서 발생하는 서로의 차이는 이해와 수용의 자세로 받아들이고 적절하게 조율해야 한다. 특히 부부는 서로 간의 차이를 분명히 인식해야 한다. 각자 살아온 환경이 다르고, 경험이 다르다는 점을 말이다. 차이를 인정할 때에야 비로소 갈등이 해소된다. 그것이 바로 관계의 갈등에 슬기롭게 대처하는 방법이다.

가족 간의 소통 문제는 더할 나위 없이 중요한 위치를 차지하고 있다. 최근에 눈에 띄는 문제가 바로 부부간의 소통이다. 남들이 보기에 아주 좋아 보이는 부부일지라도 속내를 들여다보면 의외로 소통이 잘되지 않는 부부가 많다는 것이다. 이러한 비유에서 흔히들 "부부가 서로를 이해할 수 있는 대화라는 것이 있기는 있는 거야?"라고 묻는 사람도 있다. 물론 여기에는 여러 가지 복잡한 사연들이 얽혀있을 수도 있다. 그렇지만 가족 간의 소통의 요령을 조금 더 알고 있었더라면, 관계가 훨씬 원만해질 텐데 하는 아쉬움을 갖게 한다. 이런 상황에서 가족 치료의 카운슬러들은 소통을 위한 듣고 말하기의 기술을 배워야 한다고 강조하고 있다. 사람은 누구나 소통을 위한 말을 자유롭게 구사할 수 있지만, 서로의 마음이 통하는 대화는 쉽지가 않다는 것이다. 그래서 소통은 자신의 마음을 확실하게 전달하고, 상대의 마음을 받아들이는 힘이 있어야 한다.

2013년 '인구보건복지협회'의 조사 결과, 우리나라 부부의 하루 평균 대화 시간은 다음과 같다. 대화시간 30분~1시간 정도가 32.9%, 10분~30분이 29.8%, 10분 미만은 8.6%라고 한다. 이를 평균하게 되면 1시간 미만으로 대화하는 부부가 71.3%이다. 주로 대화하는 시간은 식사 때가 58.8%로 가장 높게 나타나고, 주요 내용은 자녀 교육과 건강 문제가 40%로 1순위라고 한다. 부부간의 대화는 애를 키우는 필수 요소가 되는데, 실제적인 대화가 별로 이뤄지지 않아 많은 문제를 야기하고 있다. 이처럼 우리나라 부부들의 대화시간은 유난히 적다고 볼 수 있다. 사랑의 표현도 인색할뿐더러, 칭찬과 격려의 모습도 몹시 빈약하다. 이러한 상황으로 어떤 민감한 문제가 발생하게 되면, 해결을 위한 대화가 전혀 되지 않아 많은 어려움을 겪는다. 부부간의 막힘없는 대화는 문제 해결을 능숙하게 해결할 뿐만 아니라, 사랑의 윤활유 역할을 해준다. 소통은 치유의 또 다른 이름이다. 소통이 단절되면 불만이 팽배해짐으로써 어느 순간 불행을 자초하는 결과가 오고야 만다.

부부간에 "남편에게 이야기해도 이해하지 못한다.", "아내에게 얘기해 봐야 소용없는 일이다.", "더 이상 얘기를 해 봐야 서로 통하지 않으니 너무 답답하기만 하다.", "대화가 되지 않으니 누구한테 하소연도 못 한다." 등의 불만스러운 목소리가 자주 나온다. 자식들 역시 마찬가지다. 부모에게 아무리 얘기해도 들어주지 않는다며 호소하는 경우가 많이 나타나고 있다. '사람은 사람의 말을 먹고 자란다.'라는 말이 있는 것처럼, 옛날부터 사람들은 말과 생각을 소중하게 여기면서 서로의 관계를 구축해 왔다. 이제는 경제적인 궁핍에서 벗어난 만큼 대화의 빈곤에서 벗어나 소통의 길이 확장되었으면 한다. 그래서 모든 실생활이 원활한 소통의 모습으로 변화되어 마음이 채워지는 대화가 이뤄졌으면 한다. 또한 가정에서도 행복한 환경이 조성되어 보다 이해하고 배려하는 사랑과 소통의 폭이 성숙되길 바란다. 그래서 가족들이 제대로 사랑하고 소통하면 가정에 웃음꽃은 활짝 필 것이고, 행복 에너지가 충만한 시대를 맞이할 수 있을 것이다.

테레사 수녀님께서는 가족 사랑을 위해 다음과 같은 말씀을 하셨다. "세계 평화를 위해서 우리는 무엇을 할 수가 있을까? 바로 집에 있는 가족들을 먼저 사랑해 주는 것이다.

모든 사람이 다 큰일을 할 수는 없다. 하지만 사랑을 담아 작은 일들을 할 수는 있다." 사람들은 인생을 두고 고해(苦海)라고 말한다. 살아가는 내내 어려움에 부딪히면서 고통의 항해를 하고 있기 때문이다. 너무나 힘든 고통은 우리의 삶을 방해하고 훼손하지만 약간의 긴장과 어려움은 스스로를 각성하게 하고 도전하고자 하는 의욕을 준다. 결코 쉽게 저절로 얻어지는 것은 없다. 그렇기 때문에 작은 좌절과 고통에 대해서는 달갑게 받아들여야 한다. 가족의 화목과 행복도 역시 마찬가지다. 건강하고 행복한 가정을 꾸려가기 위해서는 각자 욕구의 유예, 고통과 불편함 등에 대한 인내를 감수해야 한다. 가정은 언제나 서로를 보듬어주는 따뜻한 둥지로서 제 위치를 차지하고 있다. 또한 가정은 언젠가 둥지를 떠나 세상을 향해 날갯짓을 할 힘을 길러주기도 한다. 그런 관계로 형성된 것이 가족이다.

끝까지 행복을 응원하는
가족이라는 이름

"문제가 생겼을 때 당신을 응원하는 것은 가족이다."

– 가이 라플뢰르 –

행복은 인간의 삶 속에 깃들어 있다. 인간의 삶과 무관한 곳에서는 행복을 찾을 수 없다. 그러니까 행복은 늘 생활과 함께하고 있다. 사랑의 보금자리인 가정이야말로 행복할 수 있는 환경의 최적 조건이다. 누구나 세상에 태어나서 여러 사람들과 인연을 맺는다. 가족이란 이름으로 인연이 되어 평생을 함께 살아가기도 한다. 가족이 있다는 것. 그것은 마음 든든한 한편으로 기분 좋은 일이며 힘이 솟는 일이다. 우리는 가끔 지치고 외로울 때, 과거에 내게 힘이 되었던 존재를 떠올리기도 한다. 하물며 가족이란 존재는 어떻겠는가. 늘 가까이에서 피붙이로 함께 살고 있으니, 언제나 내 편이라고 할 수 있지 않은가. 내 편을 만들기 위해서는 제대로 사랑할 줄을 알아야 한다. 이는 가족 간의 기다림과 인내,

조용한 응원 등이 뒷받침되어야 가능한 일이다.

가족이란 내 편이 되고도 남는 존재들이다. 서로의 행복을 응원하는 사람들, 늘 가까이에서 함께할 수 있는 사람들이다. 누가 감히 행복을 약속해 주지는 않는다. 인간애의 정신으로 자신이 직접 찾아 나서야 한다. 우리의 현실에서 필요한 것은, 이웃들과 사랑을 나누고 베푸는 삶이다. 더구나 가족 간의 사랑은 두말할 것도 없이 간절하다. 사랑이 있는 가정은 행복을 위한 구원의 가능성이 항시 잠재되어 있다. '행복은 생활 경험의 산물'이란 말은 그런 이유에서 나온 듯하다. 행복과 더불어 공존할 수 있는 것들은 사랑, 자비, 희망, 믿음, 평화 등으로 많은 부분들과 연계되어 있다.

사자성어 중에 '고진감래(苦盡甘來)'라는 말이 있다. '쓴 것이 다하면 단 것이 온다.'라는 뜻으로 고생 끝에 낙이 온다는 의미다. 한때는 역경으로 인해 힘들었지만, 잘 극복한다면 그만큼의 성취를 맛볼 수 있다. 가정의 모든 일이 마냥 평온하게 흘러가진 않는다. 그 곁에는 불행이 깃들 수 있는 것들이 늘 상존하고 있기 때문이다. 그런 때일수록 모두가 함께하는 노력이 더욱 필요하다. 끝까지 행복으로 가야 하는 운명이라면 가족이 응원하는 힘으로 용기 있게 헤쳐나가야 한다. 가족이 전하는 행복을 받아들이지 못한 책임은 전적으로 나 자신에게 있다. 자신이 마음의 문을 닫거나 외면하며 사는 것은 행복을 저버린 셈이 된다.

행복을 공간적인 존재가 아닌 시간적 개념에서 접근해야 한다. '행복이 어디에 있는가.'보다는 '행복은 어느 시간에 머물러 있는가.'라고 물어야 한다. 행복은 의식의 내용이면서, 시간과 더불어 병존하는 형태로 머물고 있다. '행복은 어디에 있는가.'라는 물음에 대해 많은 사람들은 바로 지금 이 순간 현재에 행복이 있다고 답한다. 과거는 이미 지나갔고 미래는 아직 주어지지 않았다. 때문에 그것들은 현재의 행복과는 거리가 먼 얘기이다. 결국 지금 현재 이 순간에 행복이 있다고 말한다. 오늘 이 순간을 즐기지 못한다면, 오늘 하루가 무용지물이 되어버릴지도 모른다. 또한 하루하루가 행복해야만 평생의 행복을 구축할 수 있다. 그러니까 현재라는 개념은 지금 이 순간 나와 더불어 있는 시간이라고 보면 된다. 항시 곁에 있는 가족의 행복도 마찬가지다. 가정의 행복과 관련한 재밌는 이야기가 있으니 함께 읽어보자.

옛날에 어떤 사람이 화목한 가정을 꾸려가는 가장에게 물었다.

"수십 명의 가족이 한집에 사는데도, 큰 소리 나거나 싸우는 일이 없으니, 대단하십니다. 화목의 비결이 무엇입니까."

그러자 가장은 거대한 홀의 곳간 한구석에 있는 커다란 독을 가리켰다.

"비밀은 저 안에 있습니다."

가장의 말을 들은 손님이 독 안을 들여다보았다. 그곳엔 종이쪽지들이 수북이 쌓여있었다. 그 쪽지들을 모두 펴보았더니, 모든 쪽지에 '참을 인(忍)'자가 쓰여있었다. 그것을 두고 손님이 의아하게 여겼다. 곁에 있던 가장이 손님에게 말했다.

"우리는 화가 나는 일이 생기면 여기 곳간 속에 들어와 '참을 인(忍)'자를 써서 독 속에 넣곤 합니다."

인생이란 다사다난하다. 때로는 관계에서 갈등과 오해가 불거지기도 하는 것이 바로 사람 사는 일이다. 화라는 것이 늘 붙어 다닌다. 더구나 화라는 감정은 어떠한가. 위력이 세다. 순간적으로 폭발하는 성질을 지녔다. 그 상황을 참지 못하면 불행을 자초하는 결과를 빚어내고 만다. 이렇게 화를 낸 일이 때론 누군가에게 평생의 후회로 남기도 한다.

마냥 좋아 보이는 가정조차도 그렇다. 사람이기 때문에 감정과 이성의 균형이 깨지는 경우가 허다하다. 자칫하면 가정의 행복을 깨뜨릴 우려가 있다. 이런 우려를 없애기 위해서는, 어떤 행동을 하기 전에 먼저 충분히 생각하는 습관, 즉 신중함이 몸에 배어야 한다. 행동이나 감정을 앞세워 잘못을 저지를 경우 습관이 되어 평생 잘못된 길로 빠질 수도 있다. 가족이라는 이름은 이기적인 모습으로 변해서는 안 된다. 인생의 주인은 나 자신, 개인이다. 그런 개인이 모여 이룬 공동체가 바로 가족이다. 때문에 가족의 일은 나 혼자만 잘되었다고 해서 끝나는 문제가 아니다. 가정의 생명력을 키워가는 사명감은 가족 구성원 누구나 가져야 한다. 또한 가족일지라도 서로의 다름은 인정해야 한다. 서로 간의 차이를 존중해 주어야 한다. 그리고 좋은 점만을 받아들이는 열린 마음을 갖고 대해야 한다. 가정 내에서 일어나는 갈등과 마찰의 소지는, 대부분 소소한 감정의 문제를 앞세운 것이 다반사다. 그러나 사소해 보이는 작은 행동 하나조차 때로는 커다란 마음이 담길 수 있다는 사실을 잊지 말아야 한다.

가장 가까운 가족일지라도 끝까지 정성을 다하는 모습을 갖춰야 한다. 오래된 사랑일수록 더욱더 깊어지게 하려면 깊은 마음이 깃들어야 한다. 그러기 위해선 마음속의 배려와 기본적인 예의가 필요하다. 여기에 무례한 행동이 물들어 있다면, 가족의 사랑에 흠집이 되어 어려움을 겪게 될 것이다. 배려하고 존중하는 마음으로 가족에게 다가간다면 그에 상응하는 모습이 다가오게 되어 있다. 작은 정성이 하나둘 모여 응원이 된다. 그런 모습을 서로에게 보여줘야 한다. 서로에게 응원의 힘이 된다는 것은 무엇을 의미하는가. 그것이야말로 우리가 진정한 가족임을 얘기하는 것이다.

가족의 구성원으로서 나 자신의 역할이 무엇인지 깨닫고, 그것을 충실히 이행해야 한다. 또한 가족이 곧 인생의 끝자락까지 함께하는 관계라는 사실을 잊지 말아야 한다. 나와 같은 하늘 아래에 있고 늘 함께할 가족들이다. 격려와 용기는 물론 희망적인 응원으로 마음의 짐을 나눠야 한다. 서로 기쁘고 즐거운 행복 에너지를 많이 줄 수 있도록 노력해야 한다. 이처럼 작고 사소한 일들일지라도, 쌓여서 기쁨을 만들어갈 때 기적이 일어나고 행복을 누릴 수가 있다. 곁에 있는 가족의 손을 한 번 더 잡아주는 것이 훨씬 값지다는 생각도 가져야 한다. 이러한 곱고 아름다운 마음은 가족이 있기에 생겨날 수 있다.

언젠가 삶의 종착점에 다다랐을 때, 결코 혼자가 아닐 것이다. 고개만 돌려봐도 바로 옆에 누군가가 있다. 그게 바로 가족이다. 사랑하는 가족이 마지막까지 곁에 있다. 우리는 가족들에게 어떤 형태로든 빚을 지며 살고 있다. 그러니까 가족을 늘 사랑하는 마음으로 그 빚을 갚아 나가야 한다. 또한 자신이 힘들고 어려움을 겪고 있을 때, 가족들은 늘 나를 위해 기도하고 있음을 잊어선 안 된다. 세상에 혼자뿐이라는 생각이 드는가. 그럴 때면 가족들의 많은 손길을 떠올려라. 그들의 손길이 내 마음을 채워주고 있다고 생각하면 위안이 될 것이다.

엄지손가락 하이파이브
부부 행복을 위한 Tip 1

- 가족을 소홀히 한 이들에게 -

① 사람마다 살아가는 사정은 다르다. 가족과 끈끈한 관계를 이어가는 사람이 있는 반면 각자 처한 사정이나 상황에 따라 가족과의 유대감이 옅은 사람도 있다. 어떤 사정으로 인해 서먹하고 소원해진 가족관계 또한 있을 것이다. 안타까운 일이다. 그러니 불화의 근본적인 원인을 파악하여 대책을 세울 필요가 있다.

② 가족들의 성격이나 여건 등을 감안하여, 성심성의껏 상담자 역할을 해주고 솔선하는 마음으로 상대를 챙겨주어야 한다.

③ 가족을 대할 때 방관적인 자세를 취하는 사람들이 있다. 행복을 만들기 위해선 온 식구들의 협조가 필요하다. 모두가 바른 길로 나아가는 힘을 키워가되, 가시적인 성과가 나오기까지 "함께" 참여하는 모습을 가져야 한다.

④ 사랑이 깃들지 않는 행복이란 있을 수 없는 일이다. 가족 간의 따뜻한 사랑은 행복으로 가는 지름길이다. 포근한 손길로 모두 안아주고 포용해 주어야 한다.

⑤ 표현하지 않으면 모르는 법이다. 표현하지 않으면 오해와 갈등이 생겨난다. 그러니 서로 자주 표현해야 한다. 배려하는 마음이 깃들어 있어야 하고, 원활한 소통을 위해 늘 대화하는 환경이 조성되어야 한다. 겸허하게 경청하는 자세도 갖춰야 한다.

⑥ 아무리 가족일지라도 서로 간의 거친 언행은 가정의 행복에 누를 끼치는 법이다. 가족 간에 기본적으로 지켜야 할 예의 규범이나 준수해야 할 규칙 등을 마련하여 질서 있는 분위기를 조성해야 한다.

⑦ 가족이라는 대열에서 낙오자가 되려는 사람들이 있다. 가족은 한솥밥을 먹는 식솔들이다. 가족이라는 이름만 들어도 정겨운 마음이 들도록 에너지를 다 함께 모아야 한다.

2장

집게손가락 : 집중력
부부 행복이 삶의 운명을 정한다

"부부의 안정된 결혼생활의 비밀은
부부 중의 한 사람이 그 대가를
훨씬 더 많이 치를 자세가 되어 있어야 한다는 것이다."

— 다리오 마에스트리띠에리 —

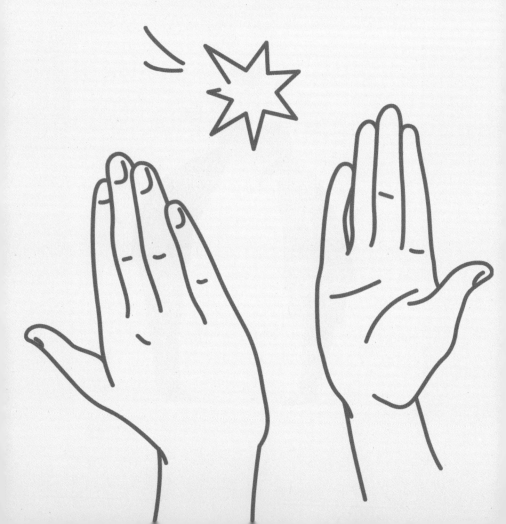

부부 행복의 원칙을 세워서 실천하기

"인생에서 성취감을 얻지 못하고 결핍을 느끼는 이유는 자신이 원하는
것이 무엇인지 결정한 적이 없기 때문이다."

— 피터 페인, 「앤서」 중에서 —

부부간의 만남은 하늘에서 맺어준 천생연분의 관계이다.
어느 누구와도 비교할 수 없는 아름다운 만남이다. 정채봉 시
인의 시 「만남」을 소개하며 글을 시작하려 한다.

가장 잘못된 만남은 생선과 같은 만남이다.
만날수록 비린내가 묻어오니까.

가장 조심해야 할 만남은 꽃송이 같은 만남이다.
피어 있을 때는 환호하다가 시들면 버리니까.

가장 비천한 만남은 건전지와 같은 만남이다
힘이 있을 때는 간수하다가 힘이 다 닳았을 때는 던져 버리니까.

가장 시간이 아까운 만남은 지우개 같은 만남이다.

금방의 만남이 순식간에 지워져 버리니까.

가장 아름다운 만남은 손수건과 같은 만남이다.

힘이 들 때는 땀을 닦아주고 슬플 때는 눈물을 닦아 주니까.

— 정재봉, 「만남」

우리는 살아가면서 다양한 사람들을 만난다. 그중에는 그다지 아름답지 못한 만남도 있다. 그러나 위의 시에서 말하는 손수건과 같이 나를 추스르면서 오래 지속할 수 있는 만남도 있다. 그런 만남이 내게도 찾아왔으면 하는 바람을 가져본다.

우리나라 사람은 그동안 바쁜 일상에 쫓겨 부부의 하나됨을 잊고 살아왔다. 서로 사랑하면서도 이해의 부족으로 사랑을 제대로 표현하지 못한 채 살아온 것이다. 현재 많은 가정들이 여러 가지 사유로 인해 무너지고 있다. 우리나라는 OECD 가입국 중에 이혼율이 높기로 상위 랭킹에 속한다. 이대로 방치하고 놔두면 불명예스러운 나라로 지목받을 수 있어 염려스럽다. 여기서 우리가 알아야 할 것은 남녀 간의 차이다. 남녀 간의 차이란 곧 부부생활에도 적용된다. 이러한 차이를 서로 인정하고 이해할 때에야 비로소 부부의 행복은 시작된다. 행복은 인간 본성의 일부이다. 그래서 행복한 사람은 딱 보기만 해도 알 수 있다. 그 사람의 입가에 떠오른 미소, 쾌활한 목소리에서도 행복감을 느낄 수 있다. 행복한 표정은 만국의 공통어라고 하지 않던가.

2012년 통계청의 사회 조사 결과에 따르면, 가족 관계에서 '부인에게 만족한다.'라는 남편의 비율은 71.8%이다. 반면에 '남편에게 만족한다.'라고 응답한 부인의 비율은 59.2%로 나타났다.(중앙일보 2012.12.21자 조사) 이는 부인 열 명 가운데 네 명은 남편에게 행복감을 느끼지 못한다는 얘기다. 많은 부부들이 각자 일방적인 자기주장만 하다 보니 대화가 끊어지게 된다. 부부간의 대화가 원활하게 이루어지지 않으면 갈등의 골이 깊어진다. 무슨 일을 하려고 해도 마찬가지다. 대화가 이루어져야 일이 진전을 보일 수 있다.

부부가 행복하게 살아가기 위해서는 삶의 원칙을 세울 필요가 있다. 서로의 원칙을 정할 때는 합법성과 윤리성, 이성적인 부분이 충분히 고려되어야 한다. 왜냐하면 원칙을 정했을지라도, 상황에 따라 달라질 수 있기 때문이다. 가정사에서 사소한 일이란 없다. 단지 그렇게 생각하고 싶을 뿐이다. 사소한 일이라 생각하고 방심해서 원칙을 저버리면 그것이 언제든 부메랑이 되어 돌아올 수 있다. 원칙을 따르면 뒤탈이 없기 때문에 어찌 보면 가장 쉬운 일이 될 수도 있다. 행복이란 멀리에 있지 않다. 늘 가까이에 있다는 사실을 알고서 작은 행복을 찾아 나서는 여유가 필요하다. 부부간의 갈등이 일어나는 원인 중의 하나가 바로 '타인과의 비교'다. 남과 자신을 비교하는 데서 마찰이 일어난다. 우리 부부의 삶에 숨어 있는 행복을 찾아야지, 남의 삶을 부러워할 필요는 없다. 생각을 깊게 하지 않아서 그렇지, 행복의 길은 주변에 넘칠 만큼 많다. 꿈과 희망만 있어도 충분히 행복할 자격이 있다. 꿈을 함께할 사람이 곁에 있다는 사실을 염두에 두고 행복의 길을 찾아야 한다.

진정한 행복을 느끼려면 육체와 정신, 감각과 이성이 모두 필요하다. 우리는 대부분 부모 슬하에서 30년 전후를 살아간다. 그 후 서로 다른 가정에서 성장한 두 사람이 만난다. 연애를 하고 결혼을 한다. 그렇게 두 사람이 인생길을 항해하기 시작한다. 아이 낳고, 집을 마련하고, 직장이나 사업에 참여하고, 애들 교육하고, 출가시키고. 그렇게 함께 늙어가는 신세가 된다. 100세 세상을 기준으로 한다면 70여년을 함께 사는 셈이다. 결코 짧은 시간이 아니다. 긴 세월을 함께한 부부는 얼굴과 성격도 닮아가기 마련이다. 부부가 서로 맞춰가고 서로의 단점을 커버해 주면서 살기 때문에 닮아가는 것이다. 부부가 서로 닮거나 공유하는 부분이 많으면, 행복한 결혼 생활을 꾸려갈 수 있다. 부부가 가정을 꾸려갈 때 서로 한 방향으로 뜻을 모은다는 건 쉽지 않다. 서로 성격이 다르고 입장이 달라 노력해서 맞춰나가야만 가능하다.

아름답고 훌륭한 가정을 만들기 위해 필요한 것은 크게 두 가지다. 하나는 부부간의 굳은 결심, 또 하나는 그 결심을 실행에 옮기려는 의지다. 부부가 서로 자신의 권리만 내세우고 책임을 지지 않으려 한다면 결혼 생활이 결코 평탄하지 못할 것이다. 성공한 결혼 생활이란 상대방을 먼저 배려하고 상대방에게 먼저 다가가는 모습에서 비롯된다. 훌륭한 배우자를 만나기 위해선 그 전에 먼저 자신이 훌륭한 배우자가 되어야 한다. 이것은 분명 쉬운 일이 아니지만, 그렇다고 해서 결코 어려운 일도 아니다. 서로 간의 믿음을 주고 진심 어린 마음으로 상대방에게 다가가면 모든 것을 이해하고 받아들일 수 있다. 부부간의 사소한 차이에서 오는 갈등은 봉합할 수 있다. 하지만 보다 근본적인 차이에서 벌어지는 갈등을 봉합하기란 쉽지 않다. 그래서 배우자를 구할 때는 인생을 추구하는 꿈과 희망, 목표에 대한 충분한 동의가 필요하다. 함께 동행할 수 있는가, 아닌가. 그 여부가 중요하다. 왜냐하면 근본적인 부분에서 차이가 커지면, 소소한 부분에서조차 갈등이 일어날 소지가 커지기 때문이다.

최근 최정미 저자의 책, 『부부로 산다는 것』을 접하게 되었다. 그 내용 중에 아내가 작성한 「우리 부부를 위한 다섯 가지 원칙」을 읽게 되었다. 사소한 것이지만 흥미롭고 구체적인 사례로 생각되어 간략히 소개해 본다.

〈우리 부부를 위한 다섯 가지 원칙〉

첫째, 술 마시고 온 날은 그냥 조용히 재운다. (취한 사람에게 자꾸 말 걸어봐야 소용없다. 시비를 걸면 싸움만 일어나고 손해 보기 때문이다.)

둘째, 일의 시시비비를 가리려거든, 술 마신 다음 날에 얘기하라. 남편의 정신이 맑을 때 대화를 시도한다. 특히 자녀들이 곁에 없을 때 얘기한다. (아이들 교육상 안 좋기 때문이다.)

셋째, 빨리 전세에서 벗어난다. (시댁은 이미 그렇게 됐으니까, 우리 집부터 장만하면서 안전판을 만들어야 하기 때문이다.)

넷째, 잔소리를 50%만 줄여본다.

다섯째, 나도 취직을 해서 돈을 벌어온다. 남편 월급은 생활비로 사용하고, 내 월급은 전액 적금을 붓는다. (부부 싸움 중에 절반 이상은 경제적 문제에서 비롯되기 때문이다.)

지혜로운 사람은 어떠한 상황에서도 긍정을 잃지 않기 위해 노력한다. 긍정적인 면에 초점을 맞춰서 현재의 상황을 '행복'으로 승화하고자 노력한다. 평소에 다져놓은 존중과 배려야말로 부부를 하나로 만드는 원동력이다. 또한 지혜로운 부부는 상대방의 마음을 즐겁게 해주는 긍정의 교감 활동을 보여준다. 김학중의 저서 『부부라는 이름으로 행복하게 살기』에서 저자는 말한다. 부부가 평생 아끼지 말아야 할 말이 있는데, 그것은 바로 '미안해', '고마워', '사랑해', '축복해요'라고. 이를 두고 '미고사축'이라고 축약해서 일컫는다. 또한 '미고사축'은 부부 사랑을 확인하는 데 필수적인 말이다. "평생 이 말을 아끼지 않는다면, 세상에 행복하지 않은 부부란 없을 것이다"라고 하였다. 이처럼 사소한 말 한마디로 배려하는 마음이 하나둘 모여 부부 행복의 중요한 열쇠가 되는 것이다.

5월 21일은 '부부의 날'로서 둘(2)이 하나(1)가 되는 날이다. 반면 10월 24일은 '애플 데이'로 둘(2)이 서로 사과(4)

하고 화해하는 날이다. 사과를 한다는 것은 자존심의 문제가 따르는 일이다. 때로는 마음이 썩 내키지 않는 일이기도 하다. 갈등이 생기면 부부간에도 대화가 단절된다. 제대로 된 소통이 어려워진다. 하지만 부부란 힘든 순간에도 서로를 위해 존재한다는 생각으로 함께해야 하는 존재다. 부부가 행복을 만들어가기 위해서는 아름다운 원칙을 세워서 그 아름다움을 창조해 낼 수 있어야 한다. 긍정적인 말과 함께 칭찬해주며, 격려하고 축복하고 사랑하는 것. 이런 좋은 기운이 들어간 정성이면 얼마든지 가능한 일이다. 좋은 일이란 부부간의 합의를 이뤄서 하나씩 맞춰가면 되는 일이다. 예를 들어 취미 생활을 같이한다든가, 봉사 활동을 함께 참여하는 식으로 말이다. 쉬운 일부터 하나씩 이뤄가야 한다. 혼자 할 때보다 둘이 함께할 때 보람과 즐거움은 배가된다.

금슬 좋은 부부를 위한
공감의 폭 넓히기

"사람은 누구나 혼자서는 행복한 생활을 유지하지 못한다. 아무리 불안
에 처해 있을지라도, 마음의 평온과 안정을 찾을 수 있어서 결혼을 하는
것이다."

– 괴테 –

결혼은 '인륜지대사(人倫之大事)'라고 한다. 그만큼 결혼은
인간의 삶에 있어 매우 중대한 몫을 차지하고 있다. 결혼을
하게 되면 부모의 슬하에서 벗어나 부부가 독립적으로 행복
을 찾아 나서게 된다. 곧 책임이 따르고 의무가 주어지는 셈
이다. 이러한 책임을 회피하고 의무를 소홀히 한다면 행복
한 결혼 생활은 기대를 할 수 없다. 부부가 된다는 것은 부
부 두 사람의 힘으로 마음의 평온과 안정을 찾는다는 것을
의미한다. 가장 이상적인 부부는 서로에게 언제나 연인 같
고 때론 친구 같은 사이다. 우리는 보통 다정한 부부 사이를
'금슬(琴瑟) 좋은 부부'라고 한다. 금슬(琴瑟)은 중국 고대의 아
악기로서, 부부 사이의 화목한 즐거움을 비유하는 말로 쓰
이고 있다. 금과 슬의 관계는 서로 부족한 부분을 메워주고

조화를 이루어 화합하는 가정을 이루는 사이다. 금슬이 좋으려면 서로가 상대의 입장에서 생각하고, 작은 일에도 아낌없이 칭찬하며, 대화로서 원만한 소통을 이루고, 자연스러운 스킨십 등으로 애정 표현을 할 줄 아는 부부가 되어야 한다.

루소는 "인내는 쓰나, 그 열매는 달다."라는 명언을 남겼다. 말이 쉽지, 괴로움이나 어려움에 처해있는 사람이라면 고통이 따르는 일을 견뎌내는 것은 결코 쉬운 일은 아니다. 그러나 결혼 생활에서 인내는 필수적이다. 좋은 부부 관계를 유지하기 위해선 인내해야 한다. 그래야 행복을 가져올 수 있다. 가정을 지키고 화목을 지켜나가려면 인내 없이 될 수 없다는 얘기다. 반 고흐는 이렇게 말했다. "부부란 둘이 서로 반씩 되는 것이 아니라, 하나로서 전체가 되는 것이다."

오늘날 부부 관계에도 어떤 변화가 일었다. 남편과 아내의 고정된 성 역할이 조금씩 바뀌어가고 있다. 이러한 변화 속에서 현대의 결혼을 두고 '삶의 종합예술'이라고 칭하기도 한다. 결혼 역시 부부가 함께 꾸려가야 하기 때문이다. 부부간의 거리와 행복의 거리는 비례한다. 부부 사이가 좋아지면 행복도 자연스레 따라오게 되어있다. 가까이하는 만큼 행복은 커지게 되어있다.

　부부간의 거리를 최대한 좁히고 행복한 가정을 꾸려가려면, 서로의 희생이 필요하다. 희생엔 어려움이 따른다. 하지만 그것을 실행하고 극복함으로써 사람은 위대한 존재가 된다. 결혼은 인내와 희생은 물론 사랑과 배려의 마음이 함께할 때 축복의 시너지 효과를 거둘 수가 있다. 좋은 관계가 유지되려면, 무엇보다도 신뢰가 중요하다. 관계의 신뢰가 두터워지려면 평상시에도 대화를 충분히 나눠야 한다. 표현하지 않으면 알 수가 없다. 그래서 서로의 입장을 분명히 밝히면서, 이해를 통해 문제를 해결하고자 해야 한다. 부부가 함께 대화하고 공유하는 시간이 클수록 오해의 소지는 줄어들고 신뢰가 회복된다. 더불어 부부 애정도 깊어진다.

　잉꼬새 같은 부부가 있다. 금슬이 좋은 부부다. 그들의 좋은 금슬이 하루아침에 거저 얻어졌겠는가. 그들 나름대로 노력을 했을 것이다. 세상일엔 공짜가 없는 법이다. 사람마다 각자의 생활 여건이 다르다. 살아가는 모습도 천차만별이다. 다른 사람이 가진 좋은 점들은 배우고 익혀서 자신의 삶에 보탬이 되도록 하는 게 좋다. 다른 이의 장점을 그대로 모방할 수도 있고, 그보다 더 나은 방법을 구상해서 내 것으로 만들 수도 있다. 남의 것이라고 무조건 배척하기보다는, 다방면의 사항들을 폭넓게 수용하는 자세가 중요하다. 이러한 것들은 부부간에 충분히 논의해서 받아들이고 적절하게 조화시켜 나아가면 된다. 뜻하는 바가 있다면 부부가 함께 줄기차게 노력하면 좋은 성과가 있을 것이다. 실천해 보지도 않고 처음부터 포기하는 자세로 임하는 것은 올바른 자세가 아니다. 일을 진행하다 보면 요령도 생기고 더 나은 방법들이 생겨날 수도 있다.

바람직한 부부생활을 하는 사람들이 있다.
이번 장에서는 바람직한 부부생활을 위한 방법들을 소개한다. 소개하고자 하는 방법들은 어려운 일들이 아니다. 가장 기본적인 사항들이다. 하지만 사람들 사이에서 지켜지지 못하는 경우가 다반사다. 그럼 이제부터 방법들을 소개하도록 하겠다.

첫째, 부부가 서로 적극적인 사랑을 표현해야 한다.
부부의 행복은 사랑 없이 기약할 수 없다. 우리나라 사람들은 사랑을 표현하는 기술이 많이 부족하다. 이제는 서로의 감정을 숨기면서 마음속의 뜻을 전달하지 못하는 것은 미덕이 될 수 없다. 적극적인 표현을 통해 사랑을 확인해야한다. 마음속으로 아무리 멋진 사랑의 뜻을 갖고 있을지라도, 표현하지 않으면 무용지물이다. 사랑은 표현이 되어야만, 상대에게 접근이 되어 변화를 줄 수 있고 신뢰를 쌓을수 있다. 그래서 사랑하는 부부의 표현은 선택이 아닌 필수적인 것이어야 한다.

둘째, 서로 배려하는 마음이 있어야 한다.

부부 관계는 신뢰와 친밀감을 바탕으로 배려하는 마음이깊어야 한다. 배려심이 없는 사람은 베풀 줄을 모르는 경우가 많다. 배려하는 마음이란 상대를 존중하는 자세로서, 상대가 진정으로 원하는 것이 무엇인지 알고서 그에 맞춰 노력하는 것이다. 대부분의 사람들에겐 배려심이 없는 것이아니라, 순간적인 상황을 잘 판단하지 못하는 경우가 더 많다. 배려할 줄 모르는 부부는 불행해질 수밖에 없다. 특히아내는 작은 일에도 감동을 받고 상처를 받을 수 있어서 남편의 배려심을 더욱 필요로 한다. 따라서 행복한 부부 관계를 유지하기 위해서는 긍정적인 생각으로 미리 챙겨주는 센스가 절대적으로 필요하다. 부부가 서로 배려하며 고마운마음을 가질 때 가정의 행복은 한 발 더 앞으로 다가서게 될것이다.

셋째, 서로의 마음을 이해할 수 있도록 대화로서 행복의 길을 닦아가야 한다.

영국의 정치가 벤저민 디즈레일리는 "가장 과묵한 남편은 가장 사나운 아내를 만든다. 남편이 너무 조용하면 아내는 사나워진다."라고 하였다. 대화 없는 부부는 삶이 어려워지고 삭막하기 그지없는 가정을 만드는 꼴이 된다. 가정의 분위기는 전적으로 부부에게 달렸다. 때문에 부부는 이에 대한 책임감을 갖고 의식적으로라도 대화를 나눠야 한다. 대화는 마치 탁구 치듯 핑퐁이 왔다 갔다 하는 모습을 유지하는 것이 좋다. 대화는 주거니 받거니, 오순도순, 알콩달콩한 모습으로 대화를 가볍게 나누는 것이 보기에도 좋다. 부부간에 대화가 없으면 관계의 단절은 물론, 가정의 화목과 행복은 멀어진다. 그래서 부부간의 대화는 부부애와 가정을 행복하게 키우는 필수 요소이다. 건강한 대화를 하려면, 보다 긍정적인 자세가 중요하고 상대의 마음을 헤아리는 마음이 앞서야 한다.

넷째, 자신의 형편에 걸맞게 살아가되, 남의 가정과 비교하는 습성은 버려야 한다.

삶이란 각자의 생활 방식에 따라 다른 법이다. 즉 자신의 가치관과 신념을 확고히 해서 살아야 한다는 말이다. 남과 비교하는 삶을 살아선 안 된다. 그럼에도 남의 가정과 자신의 감정을 비교하며 사는 사람들이 있다. 비교하다 보면 심리적으로 위축되면서 동시에 불행하다는 생각을 하게 된다. 남의 가정과 비교하는 것은 참으로 어리석은 짓이다. 괜한 질투심과 시기심만 쌓여 마음만 상하고 만다. 남들과 비교하지 말고 나 자신의 장점을 찾을 수 있도록 해야 한다. 그러기 위해선 건강한 자존감을 가져야 한다. 또한 매사에 성실한 자세로 임해 후회 없는 삶이 되도록 해야 한다.

다섯째, 부부는 늘 서로에 대해 감사해 하고, 칭찬하는 모습을 가져야 한다.

감사하는 마음을 가진 사람은 타인의 삶을 부러워하지 않는다. 그만큼 자신감이 넘친다. 감사는 자신의 삶에 있어 갖춰야 할 예의다. 감사는 삶의 즐거움을 한껏 채울 수 있는 도구가 된다. 또한 칭찬은 삶의 에너지이면서 행복의 비타민 역할을 해준다. 그래서 칭찬은 자신은 물론 누구나 좋아하는 마음의 선물이기도 한다. 감사와 칭찬은 늘 삶의 활력소가 되어준다. 생활의 미덕이라고 할 수 있겠다. 부부가 오붓한 가정으로 행복을 이뤄나가려면, 감사와 칭찬은 평생 지녀야 할 필수품으로 여겨야 한다.

여섯째, 행복과 웃음은 서로 동반자 같은 관계다.

행복과 웃음은 부부간에 늘 향수처럼 번져 나와야 한다. 지구상에 존재하는 많은 동물 가운데 웃을 수 있는 건 오로지 인간뿐이다. 사람만 웃을 수 있다. 웃음은 빛이요, 건강이고, 치유하는 힘이자 사랑이 되어준다. 하버드대 심리학 교수인 W. James는 "행복한 사람이 웃는 것이 아니라, 웃는 사람이 행복하다"라고 했다. 그리고 나이팅게일은 "이 세상에서 가장 아름다운 화장은 미소와 웃음이다"라고 하였다. 남에게 웃음을 선사한다는 것은 적극적인 사랑의 표현이며 사랑의 기술이다. 세상에서 가장 아름다운 꽃이 '웃음꽃'이라는 말들을 한다. 그러니까 웃음을 터득한 사람은 인생을 행복하게 살아갈 수 있는 능력자라고 볼 수 있다. 흔히들 인생의 목적이 행복이라고 한다. 행복은 웃음을 동반하지 않고는 절대 성립되지 않는다. 웃음은 부부의 행복을 위해서는 늘 필요한 존재다. 행복의 느낌표와 같은 존재다.

평생 동반자로서
따뜻한 삶의 힘 기르기

"당신과 함께 있어서 좋았소. 여보! 당신은 매우 훌륭한 동료였소. 매우
사랑스러운 정말 만족스러운 삶이었소. 이보다 더 나을 수는 없을 거요.
당신과 함께 있어서 좋았소."

　　　　　– 헬렌 니어링의 『아름다운 삶, 사랑 그리고 마무리』 중에서 –

　　부부가 되는 순간 두 사람은 하나가 된다. 기쁨과 슬픔 모
두 공유하는 사이가 된다. 부부란 인생길을 함께 걷는 사이
다. 부부가 되면 혼자였을 때보다 더 큰 행복을 누리며 살게
되는데, 이유는 의지력이 커지기 때문이다. 부부는 기쁨과
슬픔을 함께 나누는 가장 가까운 존재이자 정신적인 친구라
고 볼 수 있다. 파릇파릇한 연애와 달리 결혼은 냉정한 현
실이다. 독일의 시인 하이네는 이렇게 말했다. "결혼은 어
떤 나침반도 항로를 발견한 적 없는 거친 바다"라고. 그만
큼 결혼생활이 쉽지 않다는 말이다. 결혼 생활이 만만치 않
아 자칫 잘못하면 삶이 흔들리고 위기에 말려서 어려울 수
가 있다. 부부가 서로에게 동반자적인 구실을 하려면 배우
자가 친구나 연인처럼 다정다감하고 편한 존재가 되어야 한

다. 이렇게 부부가 서로 편한 마음으로 평생을 지낼 수 있다면 행복은 충분히 만들어갈 수 있다. 행복을 함께 이어나가려면 그만큼 각자의 역할을 충실해야 한다.

짐승도 암수가 함께 있는 모습이 보기가 좋다. 하물며 만물의 영장인 사람은 오죽하겠는가. 부부가 각자의 역할을 수행하지 못할 때는 짝 잃은 외기러기처럼 외로워지기 쉽다. 둘이 함께 있어야 할 부부가 혼자가 될 경우, 외롭고 쓸쓸해진다. 외로움이 지나치면 우울증이 된다. 마음의 의지가 되는 사람이 없다면, 세상에 홀로 남겨진 존재처럼 외롭고 공허할 것이다. 삶의 의욕도 낮아져 행복과는 거리가 멀어진다. 무심하고 무뚝뚝한 남편, 혹은 바가지와 잔소리꾼인 아내라 할지라도 서로에게 보이지 않는 그늘이자 버팀목이 되어준다는 사실을 잊지 말아야 한다. 부부란 서로에게 삶의 원동력과도 같은 존재다. 삶은 나 혼자만의 길이 아니다. 언제나 동행자가 있다. 어린 시절에는 부모 형제, 결혼 이후엔 배우자가 동행자 역할을 한다.

삶에 어떤 어려움이 닥치더라도, 부부라면 함께 헤쳐나가야 한다. 서로를 아끼는 마음으로 살아가야 한다. 부부간의 이해는 가정의 화목에 지대한 영향을 끼친다. 때문에 부부는 각자의 역할을 다해야 한다. 생면부지의 남남이 어느 날 부부가 되어 알콩달콩 살아가는 일이 때론 참 오묘하고 신기하게 느껴진다. 평생 동반자로서 부부가 되려면, 서로에게 괜찮은 사람이어야 한다. 부족함을 느껴도 조금씩 맞추어 줄 수 있어야 한다. 곁에 있다는 사실만으로도 위로가 되어야 한다. 그뿐만 아니라 어깨를 포근히 다독여 줄 수 있는 마음 든든한 사람이 되도록 하여야 한다.

부부란 이와 같이 인생의 동반자이다. 서로 함께 감동하고 공유하며 더욱 소중하게 여겨야 한다. 결혼의 낭만을 꿈꾸는 사람은 결혼하면 낭만을 잃을 것이고, 서로 좋은 동반자가 되기 위해 노력하는 사람들은 결혼하면 낭만적인 사람이 된다고 한다. 가까우면서도 멀고, 멀면서도 가까운 사이. 곁에 있어도 늘 그리운 게 바로 부부이다. 흔히들 부부는 평생의 동반자라고 말한다. 그렇지만 현실은 녹록지만은 않다. 주변의 어려움은 늘 상존해 있다. 그러나 어려움을 잘 헤쳐서 극복해 나가는 것이 부부의 힘이고 주어진 책무이다. 중요한 것은 부부가 문제를 해결하는 방식에 있다. 원만하게 처리해 나가는 기술이 필요하다. 서로의 의견을 존중하고 가장 좋은 방법을 찾아간다면 무엇이든 안 될 일이 없다.

가수 유민의 노래, 「평생의 동반자」의 가사 일부를 옮겨본다. 함께 음미해 보았으면 한다.

당신과 나는 부부의 인연으로 한평생 살아온 연인이었소. 인고의 세월 속에 살아 온 인생의 길로 영원히 손 잡고 함께 걸었소. 우리는 서로 가진 건 없지만, 사랑과 믿음으로 행복을 나누며 사랑을 생명처럼 간직하면서 평생의 동반자로 살아가겠소. (…중략…) 이제는 서로 희망을 가지고 행복한 마음으로 노래를 부르며 사랑을 생명처럼 간직하면서 평생의 동반자로 살아가겠소.

— 유민, 「평생의 동반자」

인류를 사랑하는 것보다 한 사람을 깊이 제대로 사랑하는 것이 훨씬 힘든 일일지도 모른다. 부부로서 함께하는 삶의 여정이 그렇다고 볼 수 있다. 부부간에 대화를 어떻게 할지, 갈등이 생긴다면 어떻게 해소할지, 이것들에 관한 구체적인 얘기 없이 그저 참기만 해선 안 된다. 그것은 언제 터질지 모르는 시한폭탄을 안고 사는 것과 같다. 부부 관계의 성장을 위해선 무엇보다도 의지가 중요하다. 올바른 방법을 찾아서 함께 실천하려는 의지 말이다. 부부는 모름지기 서로를 존중하고, 서로에게 양보하면서 화기애애한 삶을 살아야 한다. 어느 날 문득 자신의 아내나 남편이 없는 삶을 상상하여 보라. 그러면 눈앞이 캄캄해지고 다리에 힘이 쭉 빠질 것이다. 서로 바라보고 지켜주며 기댈 수 있는 사람이 없다면, 인생길이 공허해지고 만다. 부부는 서로가 늘 다투고 불평하면서도, 보이지 않는 그늘이 되어 주고 마음의 버팀목이 되어 준다는 점을 알아야 한다.

부부라는 이름은 인생을 살아가게 하는 힘의 원천이다. 시대를 막론하고 부부라는 동반자는 서로 간의 인생 여정에 상당한 영향을 끼친다. 인생길에서 힘들고 지칠 때, 손을 내밀어 잡아주는 따뜻한 동반자가 있다는 사실은 분명 커다란 위안이 된다. 우리에게 서로 바라보고 웃을 수 있는 동반자만 있다면, 험난한 인생길을 극복할 수 있다. 이렇게 서로를 아끼는 마음이 있다면 아름다운 길을 걸어갈 수 있다. 하지만 세상일이 마냥 순조롭게 흘러가는 것은 아니다. 그래서 늘 갈등하고 고민하는 과정들이 복합적으로 작용하고 있다. 그렇다면 행복한 부부들이 가진 주요 공통점은 어떤 것이 있는지 살펴보자.

첫째, 행복한 부부의 '우정'은 돈독하다.
서로가 서로에게 편한 사이. 마치 친구 같은 친밀한 관계를 유지한다. 기쁜 일이 있을 때나 슬픈 일이 있을 때, 삶의 희비를 함께 나누는 관계가 꾸준하게 이어져야 한다. 부부 간에 우정이 보다 돈독해지려면, 서로를 제대로 알고 대처 하는 것이 하나의 방법이다. 상대가 무엇을 좋아하고 싫어 하는지에 대해, 일상의 소소한 일들까지 챙겨주는 세심함이 깃들어 있어야 한다. 결혼생활이 오래된 부부는 서로에 대 해 잘 알고 있다고 말한다. 하지만 과연 그럴까. 사실 상대 배우자에 대해 많은 것을 모르고 있거나 잘못 알고 있는 경 우가 다반사다. 그만큼 상대 배우자에 대한 관심도가 낮기 때문이다. 혹은 배려하는 마음이 부족해서 그렇기도 하다. 평상시 소통하는 힘을 키우고 대화하는 습관을 가져서 전체 적인 분위기를 좋게 만들어갈 필요가 있다. 이러한 문제들 의 해결 방법에 있어서도, 부부 서로가 부담이 되지 않도록 효율적인 생각을 두루 갖고서 접근하는 것이 좋다.

둘째, 부부간의 갈등은 부드럽고 여유 있게 대처한다.
부부간에 문제가 생겼을 경우, 대화와 타협으로 풀어나가 야 한다. 서로 상처를 입지 않도록 말이다. 이 세상에 부부 싸움 없는 부부는 없다. 어떤 사정이든지 간에 조그만 불씨 하나씩은 지니고 산다. 처음엔 소소한 갈등과 마찰로 시작 해서 정도가 점점 커지는 식이다. 서로의 성격, 가치관, 성 장 환경, 문화적 배경 등이 다르기 때문에 부부 갈등은 자연스럽게 나타나는 현상이다. 그래서 부부 싸움도 지혜롭게 헤쳐나가야 한다. 행복한 부부가 되려면 부부간의 갈등을 슬기롭게 넘길 줄 아는 것이 중요하다. 또한 그에 걸맞는 노력과 시간적인 투자를 할 필요가 있다. 원활한 부부 관계 안에서 자신의 생각과 말, 행동의 습관을 긍정적으로 변화시켜 나가야 한다.

축복의 조건을 찾아
서로 맞추는 훈련하기

"누구나 다들 조금씩 갖고 있는 지나간 불행을 깊이 생각하지 말고, 누구나 다들 많이 갖고 있는 현재 누리고 있는 축복을 깊이 생각하라."

– 찰스 디킨스 –

사람들은 누구나 행복하게 살기를 바란다. 또한 이것을 삶의 목표로 삼고 있다. 그렇다면 행복이란 과연 무엇일까. 각자 나름대로의 정의를 내릴 수 있을 것이다. 누군가는 행복이 곧 물질의 풍요라고 말한다. 이런 식의 정의를 가진 사람들이 적지 않을 것이다. 행복은 결국 돈을 뜻하는가. 만약 그렇게 생각하는 사람이 있다면 그는 결코 행복해질 수 없을 것이다. 오늘날의 현대인들은 과거에 비해 물질적으로 풍요로워졌다. 하지만 행복지수도 과연 그에 비례하는가. 아니다. 풍요로워진 생활환경에 비한다면 행복지수는 낮다고 볼 수 있을 것이다. 이것이 오늘날의 자본주의가 가진 모순점이다. 이에 대해 버트런드 러셀은 다음과 같은 말을 하였다. "인간의 행복의 원리는 간단하다. 삶이 가져다주는 불만에 자기가 속하지 않으면 된다. 어떤 불만으로 자기를 학대하지만 않는다면 인생은 즐거운 것이다." 러셀의 말처럼 우리는 삶을 바라보는 시각을 달리할 필요가 있다. 인생을 살 만한 가치가 있는 것으로 바라보고 불만을 버리면 된다. 그것이 바로 행복으로 가는 길이다.

사람들은 행복을 위해 결혼한다. 하지만 막상 결혼하고 보면 결혼생활이란 게 생각했던 것만큼 행복하지 못하다는 사실을 깨닫는다. 심지어 때로는 왠지 불행하다는 생각마저 든다. 서로 자기주장만 내세우며 사는 경우가 그렇다. 부부란 일심동체의 관계다. 하나의 힘으로 함께 나아가야 한다. 부부를 하나로 만드는 힘은 바로 신뢰다. 믿음이 없으면 될 법한 일도 이루어지지 않는다. 하물며 부부가 서로에게 신뢰를 주지 못한다면 어찌 될까. 갈등이 끊이질 않을 것이다. 그래서 신뢰의 밑바탕에는 반드시 긍정적인 마인드가 깔려 있어야 한다. 사람의 생명은 긍정심이 좌우한다는 말도 있지 않은가. 긍정적인 사람이 부정적인 사람보다 수명이 길다는 얘기도 있다.

긍정적인 생각과 부정적인 생각 사이엔 큰 차이가 있다. 밝고 긍정적인 성격을 갖고 있는 사람은 어떤 재산이나 어떤 성공보다도 존귀하다. 그것이 바로 행복으로 향하는 지름길이다. 그만큼 긍정의 힘은 위대하다. 우리로 하여금 쉽게 지치지 않도록 하는 힘을 심어준다. 사람의 감정이 우리의 정신과 육체에 미치는 영향은 사뭇 크다. 긍정적인 사람은 삶을 살아가는 데 있어서 매우 열정적인 스타일이다. 또한 긍정적으로 바뀌면 눈빛과 자세도 달라져 보인다. 이러한 기운은 우선 사람의 정서에 영향을 줄 뿐 아니라, 자신감을 불러일으키는 원동력이 된다. 낙천적이고 성공한 사람들의 공통점은 자세가 바르다는 것이다. 반면에 부정적이고 비관적인 사람들은 늘 구부정한 자세를 취하고 있다.

삶에 우여곡절이 많았다면, 다소 엉뚱한 시도로 변화를 꾀할 필요도 있다. 스스로 행복의 조건을 만들어 열심히 갈고 닦으면, 언젠가는 멋지고 행복한 삶이 다가올 수 있기 때문이다. 남들과 똑같이 살다가 죽으면 내게 남는 것이 과연 무엇일까? 이런 생각을 해본 적 있는가. 만약 해본 적 있다면 지금부터라도 뭔가 색다른 시도를 꾀해야 할 것이다. 미국의 사상가이면서 시인인 랠프 왈도 에머슨은 "인생은 하나의 실험이다. 실험이 많아질수록 당신은 더 좋은 사람이 된다."라고 하였다. 우리는 정해진 삶의 테두리 안에서 일정한 틀에 박혀 안정성만 추구하려는 습성이 있다. 이런 현상을 두고 흔히 타성에 젖는다고 표현한다. 이런 생활을 과감히 탈피해야만 보다 원대한 꿈과 희망을 갖고 살아갈 수 있다. 조지 버나드 쇼는 자신의 묘비에 "우물쭈물하다가 내 이럴 줄 알았지."라는 엉뚱한 묘비명을 남겼다. 그는 어느 누구보다도 열정적인 삶을 살았던 사람이다. 그럼에도 이런 묘비명을 썼던 이유는, 아무것도 시도하지 않는 사람들을 향해 경고 메시지를 던지고자 했기 때문이다.

또한 그는 이런 말도 남겼다. "이성적인 인간은 세상에 적응한다. 비이성적인 인간은 세상을 자신에게 적응시키려고 발버둥을 친다. 따라서 모든 혁신은 비이성적인 인간에 의해 일어난다."

이와 같이 세상의 모든 혁신적인 일은 엉뚱한 생각과 행동을 통해 이루어진다. 평이한 생각으로는 남이 벌려놓은 판의 뒤치다꺼리를 하는 수준에서 그친다. 그러니까 피동적인 사람은 주도적인 삶을 살지 못한다는 얘기다. 이들을 생각해 볼 때, 남과 다른 사고방식이나 행동은 성공을 가져다주는 비결이 된다는 점을 알 수 있다. "호랑이는 죽어서 가죽을 남기고 사람은 죽어서 이름을 남긴다."고 했다. 남과 다른 삶을 좇았기에 큰 업적을 남길 수 있었으리라. 이러한 모든 것이 생각처럼 쉽지만은 않다. 뜻을 달성하고자 하는 용기와 실천하는 노력이 필히 뒷받침되어야 가능한 일이다.

부부가 평생을 함께하려면 즐거움이 수반되는 일을 만들어가야 한다. 서로의 뜻을 모아 맞춰나가면 된다. 또한 살아가는데 행복할 수 있고 축복받을 수 있는 조건들을 찾아서 만들어가야 한다. 행복의 조건들이야 만들기 나름이다. 우리 주변에는 수없이 많은 것들이 있을 수 있다. 중요한 것은 이들을 찾아 나서는 부부의 생각이 한뜻으로 이어져야 한다는 것이다. 또한 성공을 거두기까지는 과감한 용기와 실천 의지로 지속해서 밀고 나가야 한다. 고대 그리스 시인 소포클레스는 다음과 같은 말을 한 적이 있다. "내가 헛되이 보낸 오늘 하루는 어제 죽어간 이들이 그토록 바라던 하루이다. 단 하루면 모든 것을 멸망시킬 수 있고 다시 소생시킬 수도 있다."라고 했다. 이처럼 하루하루는 정말 소중한 시간이다. 그런데 시간을 헛되이 낭비하면서 살다간 그저 인생을 낭비한 죄인이 되고 만다. 행복한 부부가 되기 위한 조건들은 많을 것이다. 여기서는 그중에 몇 가지만을 간추려서 살펴보고자 한다.

첫째, 늘 감사와 사랑을 표현하는 습관 속에 서로 존중하는 모습을 보여줘야 한다.

둘째, 작은 갈등과 마찰일지라도 문제 되는 요인을 찾아 해결하는 능력을 키워야 한다.

셋째, 원활한 소통이 이뤄지도록 평상시 대화하고 경청하는 자세를 길러야 한다.

넷째, 부부가 함께하는 시간을 늘리고 소속감을 강화해 즐거움을 함께 유지하도록 한다.

다섯째, 부부 관계를 형성하는 최대의 기본 조건으로 믿음이 절대적으로 보장되어야 한다.

여섯째, 부부간의 배려하는 마음, 헌신과 희생이 필수적으로 수반되어야 한다.

일곱째, 같은 방향으로 나아가기 위한 가족 공동의 가치관이 올바르게 정립되어야 한다.

여덟째, 행복한 가정을 위한 소명 의식을 갖고 웃음과 유머로서 화목한 분위기가 조성되도록 노력하여야 한다.

이처럼 행복의 조건들은 다양하다. 하지만 아무리 좋은 조건을 안다고 해도 자신이 이를 받아들이고자 하는 마음이 없으면 소용없다. 어떤 성과와 변화를 가져오려면, 꾸준한 인내를 가지고 지속적인 노력을 해야 한다. 부부가 함께 실천해 나간다면 더할 나위 없이 좋다. 좋은 습관이야말로 더 많은 행복을 누릴 수 있는 발판이 되기 때문이다. 행복을 누리는 것도 하나의 삶의 방식이고 습관이라고 볼 수 있다. 고대 철학자 아리스토텔레스는 "우리가 반복적으로 하는 행동이 우리를 형성한다. 그러므로 행복과 성공의 위대함은 하나의 행동이 아니라 습관이다."라고 하였다. 행복과 성공적인 삶 역시 하나의 습관에서 이루어진다는 의미다. 하나의 사소한 습관이 나중에는 한 사람의 운명이 되기도 한다. 이처럼 습관이란 우리의 삶에 적지 않은 영향을 미치고 있다.

행복의 문이란 곧 부부가 가진 마음의 문이다. 우리 부부들은 그동안 행복의 문을 닫은 채 살아왔던 게 아닐까. 가까이에 있는 행복을 굳이 멀리서만 찾고 헤맸던 게 아닐까. 서로의 마음을 활짝 열고 받아들이고자 하는 노력을 한다면 얼마든지 행복해질 수 있다. 그렇지만 부부가 자신만을 챙기려고 한다면 행복은 멀리 달아날지도 모른다. 상대방의 입장이 되어 온전히 마음을 열고 베풀어야 한다. 그때에야 비로소 행복은 찾아올 것이다. 서로 마음의 문을 열 때에야 비로소 무한의 가치를 얻을 수 있고 더 많은 발전을 도모할 수 있다.

행복을 얻기 위해선 세 가지를 기억해야 한다. 현재 나 자신이 무엇을 향해 나아가는지, 무엇을 간절하게 바라는지, 무엇을 얻기 위해 노력해야 하는지를 말이다. 이것을 명확히 해둘 필요가 있다. 그래야만 행복을 성취할 수 있다.

부부가 공경하는 마음으로
서로 존중하고 배려하기

"부부라는 사회에서는 일에 따라 각자가 상대를 돕고 상대를 지배한다.
따라서 부부는 대등하면서도 다르다. 그들은 다르므로 대등한 것이다."

– 알랭 –

    결혼이란 위대하고 성스러운 의식이다. 부부가 된다는 것은 인생의 새로운 길을 개척하는 일이다. 상호 간에 이해하고 배려하는 마음이 앞서야 하는 일이다. 상대를 자신에게 맞추려 하지 말고 자신을 상대에게 맞추는 노력을 해야 한다. 배려하는 마음이 존경하는 마음으로 발전한다면 무한한 가치를 가진 존재로서 성장할 수 있다. 이러한 삶을 펼쳐가는 상황에서 서로 간의 배려와 존경하는 마음이 없으면, 하나가 다시 반쪽으로 나뉘는 결과를 가져올지도 모른다. 몇 십 년간을 남남으로 산 사람들끼리 만나 함께 생활한다는 것은 녹록지 않은 일이다. 넓은 마음을 갖고 살아야 한다. 결혼은 남녀의 만남이다. 남녀 각자의 생물학적인 속성이 다르고 사고방식이 다른 건 어찌 보면 당연한 일이다. 그러니 많은 어려움이 따를 수밖에 없다. 그래서 서로 이해하려고 애써야 한다. 모르는 것을 미리 챙겨주는 배려심이 필요하다.

　모든 사람이 다 같을 순 없다. 성장 과정도, 성격도 다르다. 생각도 다르다. 서로 다른 사람들이 한집에 모여 함께 성장하고 발전한다는 것은 쉽지 않다. 서로를 배려하고 존경하려면, 우선 서로가 독립적인 인격체라는 것을 인정해야 한다. 있는 그대로를 존중하며, 서로를 사랑하는 마음이 우러나와야 한다. 그래야 좋은 부부로 발전할 수 있다. 이러한 관계가 지속적으로 유지되어야만, 사랑이 깊어지고 행복의 힘이 탄력을 받아 성장한다. 행복은 고도의 기술을 요하는 일이 아니다. 어렵게 생각할 일이 아니다. 일상 속에서도 발견할 수 있다. 작은 순간들이 모여 인생이 된다. 그러니 매 순간에 충실한다면 행복과 점점 가까워질 것이다.

　부부간에는 사소한 일들이 모여 문제를 일으킨다. 때로는 일을 더 크게 만들기도 한다. 이런 문제들을 원만히 해결하려면 평소의 습관을 잘 관리하는 것이 좋다. 작은 습관이 하나둘 모여 한 사람의 인성이 된다. 인성은 곧 그 사람의 언행을 뜻한다. 좋은 습관이란 마치 선수들이 트레이닝을 하듯 늘 자신을 다독여야 다듬어지는 법이다. 배려와 존경하는 마음도 평상시 생활에서 자연스럽게 나오도록 해야 한다. 인터넷에 떠도는 글 중에 「배려하는 마음의 규칙 10가지」라는 것이 있다. 부부관계를 교통규범에 비유한 내용이다. 글을 조금 다듬어 이곳에 옮겨본다.

첫째, 일방통행을 해서는 안 된다. 언제나 쌍방통행이다.

→ 나는 나, 너는 너라는 식으로 해서는 안 되고 부부간에는 어떤 일이든 대화와 타협 속에서 이뤄져야 한다.

둘째, 차 사이의 거리는 적당한 거리를 유지해야 한다.

→ 상대에게 너무 무심하거나 냉정하게 대하는 일이 없도록 하고 마찰이 일어나지 않도록 적당한 거리를 둬야 한다.

셋째, 주변 사람들에게 피해를 주는 자동차 경적은 금지한다.

→ 부부가 서로의 목소리를 높이면 문제를 일으킬 수 있는 소지가 커서 낮춰야 한다.

넷째, 사람의 생명선이 될 차선 위반을 해서는 안 된다.

→ 부부는 하나다. 하지만 서로의 개성이 다른 존재다. 때문에 서로를 존중하며 도와주는 매너가 필요하다.

다섯째, 사고를 당할 위험이 있는 신호 위반 금지이다.

→ 상대의 얼굴색이 빨간지, 파란지 판단해서 빨간색일 경우 자제를 하고 인내심이 필요하다.

여섯째, 뜻밖의 사고를 낼 수 있는 차량진입 금지 구역은 침범을 삼간다.

→ 상대의 자존심을 건드리는 것은 금물이다. 서로 해야 할 일과 해서는 안 될 일을 구분해서 해야 한다.

일곱째, 무리하게 경쟁적으로 추월하는 운전은 금지해야 한다.

→ 부부는 경쟁이 아닌 동반자적인 존재로, 상대를 무시하고 업신여기는 행위는 금물이다.

여덟째, 일단 정지를 지켜야 한다. 일단정지를 무시하고 달리면 사고가 날 수 있다.

→ 상대방이 무조건 자신의 얘기를 듣길 바라기보단 상대의 말에 경청하는 자세를 갖춰야 한다.

아홉째, 내 차선에 상대의 차가 들어올 수 있어 정면충돌을 피해야 한다.

→ 서로의 주장만을 고집할 때는 일단 피하는 것이 상책이다.

열 번째, 사고를 없애기 위해서 차량을 수시로 점검해야 한다.

→ 어떠한 일이든 평상시 점검하고 미리 대비한다면, 호미로 막을 사태를 가래로 막는 사태로 번져나가지 않는다.

부부란 서로 존중하며 평생을 약속한 인연이다. 우리는 그런 인연 속에 살지만 작은 불화와 다툼이 비일비재하게 연이어 나타나고 있어 마음이 아프다. 작은 불화가 일어나더라도 별로 대수롭지 않게 생각하는 부부가 있다. 그런 반면 불씨가 점점 자라나 결국 파경까지 가는 경우도 있다. 부부는 서로 평생을 기약한 동반자다. 그런데 불화를 극복하지 못하고 큰일로 번진다면, 그 관계는 전적으로 부부가 함께 책임져야 한다. 이러한 위기의 부부가 가장 중요하게 생각해야 할 점이 있다. 바로 소통이다. 부부는 대개 서로가 서로에 대해 잘 알고 있다고 생각한다. 하지만 의외로 서로를 잘 모르고 사는 경우가 허다하다. 이는 평상시 소통이 잘되지 못했기 때문이다. 또한 서로를 알아가려는 노력이 부족했던 탓도 있다. 잉꼬부부들은 서로에 대한 존중감과 유대감이 돋보인다고 한다. 그래서 상대에 대한 존중이 몸에 배어있다. 그러니 싸우고 싶어도 싸울 만한 이유를 찾을 수 없다는 것이다. 우리가 잉꼬부부까진 못 되더라도, 서로의 마음을 읽는 센스 있는 자세로 대응할 필요는 있다. 모든 부부가 알콩달콩 재미나게 살아가길 희망한다.

부부간의 존중과 배려심이란 그리 거창하지 않다. 일상의 사소한 변화가 존중과 배려의 출발점이다. 부부는 작은 일에도 서로 감동하고 상처받는다. 부부간이란 이처럼 미묘한 관계다. 그런데 중요한 것은 부부간의 문제가 되고 있는 상황을 잘 모르고 지나친다는 것이다. 나중에 문제가 되고 일이 커지고 나서야 "그걸 진즉 알았더라면 좋았을 텐데." 하는 아쉬움과 후회가 든다. 그리고 부부간에도 서로 다른 부분이 있다는 걸 인정해야 한다. 그래야 상대방의 속마음을 이해하고 넘어갈 수 있다. 서로를 배려하고 존중하는 마음도 서로에 대한 신뢰가 바탕이 되었을 때에야 비로소 우러나오는 것이다.

부부간에는 상대가 진정으로 원하는 것이 무엇인지 깨닫고 그에 맞춰 노력하면서 살아야 한다. 따라서 긍정적이고 행복한 부부 관계를 유지하기 위해서는, 아주 사소한 일에도 관심을 가져주고 칭찬해 주는 일에 인색하지 말아야 한다. 서로에 대한 이해가 우러날 때, 그때에야 비로소 배려하고 존중하는 마음이 생겨서 행복한 부부 관계로 발전시켜 나갈 수 있다. 상대로부터 배려와 존경을 받을 때 자신의 자존감과 가치관이 증대되고 긍정적인 반응을 하게 되어 있다. 이런 선순환이 이루어지면 친밀함이 더욱 견고해져 행복해질 수 있다. 이를 위해선 서로 간의 감사와 사랑의 표현에 익숙해야 한다. 그러니 늘 표현을 통해 정서적인 교감을 만들어갈 필요가 있다. 서로 보조를 잘 맞춰나가야 한다. 뿐만 아니라, 칭찬과 감사의 표현으로 배려와 존경심이 우러나오게 해야 한다. 생동감 있는 삶을 위해 용기를 북돋아야 한다. 이러한 삶의 바탕이 될 수 있는 마음 씀씀이가 생활을 윤택하게 하고, 모든 어려움을 극복하는 데 커다란 원동력이 된다. 또한 서로에 대한 배려와 존경은 소통의 촉매제 역할을 한다. 상대의 속마음을 알 수 있는 방법은, 속을 터놓고 진솔한 대화를 시작하는 것이다. 그래야만 상대방의 사정을 알 수 있다. 부부간의 갈등 요인 중의 하나가 바로 대화의 단절이다. 상대를 배려하는 마음으로 대화를 시도한다면 쉽게 풀어질 수 있는 문제가 의외로 많다. 자신의 처지만이 아닌 상대를 먼저 생각하는 습관이야말로 인격을 향상하게 하는 일이다. 이렇게 남을 배려하는 마음이 깊어진 사람은 자연스레 상대방을 존경하게 된다. 서로 배려하고 존경하는 마음으로 행복한 삶을 만들어가야 한다.

작고 사소한 일로 기쁨 나누는
기적 만들기

"작고 사소한 기회들이 때로는 커다란 일의 시작이 된다."

– 데모스테네스 –

사람들은 일상적인 일들을 무심히 흘려보낸다. 의미 없는 일이라고 치부하는 경향이 의외로 강하다. 그러나 우리 삶에서 평범한 하루가 기쁨을 주는 경우가 적지 않다. 행복은 먼 곳에 있는 것이 아니다. 가까운 곳에서도 충분히 찾을 수 있다. 우리의 일상을 잘 살펴보면, 거의 매일 어제와 다를 바 없는 하루가 흘러간다. 아주 특별한 날도 있겠지만 대부분의 생활이 평범한 일상일 뿐이다. 하지만 이런 평범한 일상 속에서도 즐겁고 행복한 일들을 찾아서 자신의 것으로 만들어간다면, 얼마든지 기쁨을 만끽할 수 있는 계기가 된다. 단지 그런 기쁘고 즐거운 일들을 발견하지 못했을 뿐이다. 그래서 잠깐이라도 시간을 내서 단순한 일상이 주는 기쁨을 느껴볼 필요가 있다. 행복을 가져다주는 느낌이 꽤 쏠

쏠할 것이다. 일상의 사소해 보이는 일들 하나하나, 그 안에도 커다란 마음이 담겨 있다는 사실을 알아야 한다.

『행복한 사람들은 그럴 만한 이유가 있다』라는 책을 저술한, 데이비드 니벤은 이렇게 말했다. "행복은 다른 사람이 가진 것을 같이 갖는 데에 있지 않다. 자신의 가치를 믿고, 흔들림 없는 자기만의 기준과 목표를 의식하며 즐겁게 사는 데에 그 비결은 숨어 있다." 행복하기를 바라는 것은 모든 사람의 인지상정이다. 그렇지만 행복은 저절로 찾아오는 것이 아니다. 자신이 찾아 나서야 한다. 사람들은 행운이나 불행 따위를 운명적인 일로 받아들이는 경향이 있다. 자신의 의지로 선택할 수 없는 영역의 것이라고 여긴다. 하지만 행운이나 불행이 온전히 하늘의 뜻에 달린 일만은 아니다. 자신을 행복한 사람이라고 생각하는 사람은 행복을 불러들일 것이고, 불행한 사람이라고 생각하는 사람은 불행을 불러들일 것이다. 이와 같이 아주 작은 일에도 큰 기쁨을 느끼는 사람에게는 그 어떤 불행도 함부로 끼어들지 못한다. 불행이란 결국 행복이라는 그늘 밑에 드리워진 일부일 뿐이다.

류보미르스키의 『사회적 비교의 긍정적 결과 : 행복감과 허탈감의 의미』에서 저자는 이렇게 말한다. "행복한 사람이라고 해서 늘 성공만 하고 불행한 사람이라고 해서 실패만 거듭하는 것은 아니다. 행복한 사람이나 불행한 사람이나 살면서 겪는 일은 매우 유사하다. 다만 불행한 사람은 불쾌한 경우를 생각하면서 보내는 시간이 행복한 사람들보다 2배나 된다. 반면 행복한 사람은 장래에 대해 희망을 품고 가능성을 찾아 힘을 얻으려고 한다. 바로 이것이 둘의 차이다."라고 하였다. 행복에 대해서 사람마다 생각하는 기준이나 판단하는 능력이 다른 것은 분명하다. 이를 어떻게 받아들이고 생각하느냐에 따라 행, 불행의 갈림길이 나누어질 수 있다. 선도적인 심리학자 데이비드 마이어스와 에드 디너가 쓴 「누가 행복한가?」라는 글에서 그들은 행복에 대해 이렇게 말하고 있다. "자신의 잠재적 능력에 대해 확고한 믿음을 가지면 삶의 만족감이 30%가량 증가한다." 믿음이라는 것은 마음속에 잠재되어 있다. 늘 깨어있어야 힘을 키워갈 수 있다. 사람은 누구나 자기 자신을 믿는 만큼 성과를 내는 법이다. 무엇보다 자신을 믿지 못하면 실력을 제대로 발휘할 수 없다.

행복은 바쁠 때 찾아온다는 말이 있다. 그러고 보면 할 일이 너무 많다고 불평하는 사람은 행복한 고민을 하고 있다고 봐야 한다. 할 일이 없으면 그만큼 불행해질 수가 있다.

그래서 할 일이 없는 것보다는 할 일이 너무 많아 바쁜 편이 차라리 나을 수 있다. 일상을 바쁘게 사는 사람들을 보면 생활의 만족도가 높아 보인다. 이들은 분주하게 살아가면서 할 일들을 찾아 노력하는 모습으로 행복감을 맛보고 있는 것 같다. 반면에 일이 많다고 불만을 가득 품고 생활하는 사람들은 결코 행복할 수가 없다. 그러니까 바쁜 생활을 한다고 해서 스트레스를 더 많이 받는다는 생각은 잘못된 것이다. 이처럼 나 자신의 마음먹기에 따라 행복과 불행이 나뉘기도 한다.

사람에게 행복의 크기를 잴 수 있는 저울이 있다면 어떨까. 저울은 어떤 모양일까. 행복은 관념이다. 눈에 보이지 않는 것이기에 측량하기엔 적절하지 않을 수도 있다. 하지만 나라마다 행복지수를 매기는 것을 보면 객관적인 판단 기준은 설정되어 있는 듯하다. 행복의 순간도 시점의 문제로 생각되는 부분이 있다. 과거와 현재, 미래로서 비교 평가할 수 있지 않을까 싶다. 또는 현재의 이 시간을 가장 행복했던 과거의 순간과 비교해 보는 것도 평가의 척도가 될 수 있을 것이다. 이런 비교를 통해 알 법한 사실은 행복과 불행이 단칼에 구분될 만큼 서로 완전히 대립적인 관계는 아니라는 것이다. 행복한 사람이라고 해서 안 좋은 일을 당하지 말라는 법은 없다. 또한 안 좋은 일이 불행한 사람에게만 닥쳐온다는 법도 없다. 이 말인즉슨, 평생 행복한 이도 없고, 평생 불행한 이도 또한 없다는 것이다. 사람들 모두 저마다의 행불행을 안고 살아간다. 그렇다면 행복한 사람과 불행한 사람은 누가 결정하는가. 그것은 바로 나 자신이다. 나 자신이 둘 중에 무엇에 주안점을 두고 살아가느냐에 따라 달라지는 것이다. 행복을 바라본다면 나는 행복한 사람이요, 불행을 바라본다면 나는 불행한 사람이다. 참으로 단순한 이치다. 결국 삶이란 마음먹기에 달린 문제다.

행복한 사람이란 과연 어떤 사람일까. 원하는 것을 다 가진 사람? 아니다. 현재 자신이 가지고 있는 것에 만족할 줄을 아는 사람이다. 행복감을 느낄 수 있는 일상의 작고 사소한 일들은 주변에 얼마든지 있다. 다만 그것들을 찾으려는 노력 없이 그저 이상만 쫓다 보니 행복과 점점 멀어질 수밖에 없다. 부부의 행복도 멀리서 찾을 것이 아니다. 사소한 일들에서 찾고자 한다면 더 많은 기쁨을 누릴 수 있다.

일상에서 겪는 작고 사소한 일들이 생활의 기쁨이 되려면 어떻게 해야 할까. 우선 마음의 부자가 되어야 할 것이다. 마음이 부자가 되면 행복하지 않을 이유가 없다. 작고 사소한 일들이 모여 큰 기쁨이 되기 때문이다. 그렇게 되면 행복은 자연스레 따라오게 되어있다. 행복한 사람들은 지금 자신이 가지고 있는 것을 소중히 여길 줄 알고, 남들과 비교하지 않는다. 또한 자신이 현재 갖고 있지 않거나 가질 수 없는 것보다는, 현재 자신이 가지고 있는 것에 만족하며 나름대로의 의미를 부여하고 있다. 우리는 가끔 현재 갖고 있지 못한 것과 과거에 한 번도 가져본 적이 없는 것들을 생각해볼 때가 있다. 그런 욕망에 너무 얽매이면 결코 행복할 수가 없다. 현실적으로 크게 달라질 것은 없기 때문이다. 지금 내가 누리는 것들이 있음에도 굳이 내가 갖지 못한 것을 떠올리면서 마음 아파할 필요는 없다. 주어진 것에 감사하며 살아야 한다.

부부간에 사소한 문제로 인해 갈등이 일어나는 경우가 있다. 이러한 경우는 대부분 문제의 원인을 남에게서 찾는다. 남 탓이라고 생각하는 것이다. 그래선 안 된다. 작고 사소한 일들로부터 진정한 기쁨과 행복을 느끼려면, 모든 일을 내 탓으로 돌리려는 노력이 필요하다. 부부간에 다투다 보면 과거의 기억까지 따라와 다툼이 커지는 경우가 있다. 이런 상황은 문제 해결에 전혀 도움이 안 된다. 뿐만 아니라 상황을 악화시켜 파국에 다다를 우려마저 있다. 때문에 이미 저지른 실수나 잘못에 연연하는 것은 바람직하지 못하다. 이미 지나간 과거가 아닌 앞으로의 미래에 중점을 두고 얘기하는 것이 좋다. 또한 마음을 너그럽고 폭 넓게 가져 상대방을 수용하는 자세가 되어야 한다. 그래야 나와 다른 상대방을 받아들일 수 있다.

　서로에게 부족한 부분은 뜻을 모아 보완해야 한다. 서두르지 말고 천천히 보완하는 것도 좋다. 그렇게 한 단계씩 앞으로 차근차근 나아가다 보면 언젠간 좋은 결과가 찾아올 것이다. 물론 좋은 결과가 나오도록 끝까지 함께한다는 각오로 관계를 이어나가야 한다.

서로의 마음을 헤아려
부부 행복의 집중력 키우기

"행복한 결혼은 완벽한 부부가 만났을 때 이루어지는 게 아니다. 불완전한 부부가 서로의 차이점을 즐거이 받아들였을 때 이루어지는 것이다."

– 데이브 모이어 –

마음을 헤아린다는 것은 무엇을 의미하는가. 그것은 마음에서 일어나는 생각이나 감정 반응을 이해하는 것이다. 부부란 서로의 마음을 헤아려주는 사이다. 하지만 마음을 제대로 헤아리기란 그리 쉬운 일이 아니다. 왜냐하면 오로지 상대의 말과 행동만을 통해 마음을 알아차려야 하기 때문이다. 우리는 종종 상대방의 말을 오해할 때가 있다. 자신이 갖고 있던 뜻이나 생각이 상대방에게 제대로 전달되지 못할 때, '오해'는 발생한다. 그렇게 되면 상대는 내 마음을 이해하지 못한다. 그렇게 될 경우 오해와 갈등이 쌓인다. 상호 간에 부조화와 왜곡이 나타나기 십상이다. 결국 서로 상처를 받게 되는 셈이다.

서로의 마음을 잘 헤아리기 위해선 누구보다도 나 자신의 마음을 잘 헤아릴 필요가 있다. 자신의 마음을 들여다볼 때에야 비로소 타인에 대한 이해도 시작되는 법이다. 마음이라는 것은 한자리에 고정되어 있지 않다. 한순간에 변하기도 하고, 모양을 수시로 바꾼다. 어떤 상황으로 바뀔지 예측하기도 쉽지 않다. 한마디로 유동적이다. 더구나 자신이 현재 어떤 감정에 휩싸인 상태에서는 판단하기가 더더욱 어렵다. 어떤 그림을 볼 때 각자가 느끼는 마음속의 표상이 서로 다른 이치와 같다. 특히 어린 시절 마음의 상처가 많은 사람은 사회 적응력이 떨어져 마음 헤아리기에서 어려움을 겪게 될 수가 있다. 상대의 입장을 고려하지 않은 채, 내 마음만을 알아달라고 하는 것은 서로의 갈등만을 부추기는 요인이 된다. 결론적으로 부부 행복의 집중도를 높이기 위해서는, 내 마음과 상대의 마음이 어떻게 변해가고 있는지를 잘 헤아려보는 노력이 필요하다. 우리는 세상을 살아가면서 순간순간 선택을 해야 하고 어떤 행동을 할지 결정을 하게 된다. 우리의 뇌는 수많은 선택과 판단을 효율적으로 하기 위해, 직관적이면서 체계적인 사고방식으로 시스템을 운영한다고 한다. 이런 것들은 여러 경로를 통해 숙달의 과정을 거쳐야만 보다 활성화될 수 있다. 즉 반복된 훈련으로 꾸준히 성숙시켜 나가야만 보다 안정되고 체계화된 시스템으로 발전시킬 수 있다. 상대의 마음을 헤아리기 위한 갈등과 원인의 해결 방안으로서, 심리학자인 칼 로저스는 다음과 같은 견해를 제시했다.

첫째, 항상 객관적인 태도(이해심)를 가져야 한다.

둘째, 인격을 존중해야 한다.

셋째, 인간에 대한 이해를 갖고 있어야 한다.

넷째, 심리에 관한 기초적인 지식이 있어야 한다.

심리학자들은 스트레스 등 갈등 치유에 대한 해결 원리에 대해 다음과 같은 생각들을 하고 있다.

첫째, 자신의 이해이다.

둘째, 인간의 이해이다.

셋째, 우리에게 주어진 소명 의식이다.

넷째, 인간의 욕망을 어떻게 다루는가 하는 문제이다.

다섯째, 만족과 감사의 생활이다.

여섯째, 삶의 성실함이다.

남녀가 결혼해서 가정을 이루면 각자 역할이 생긴다. 남자는 가장이라는 이름으로 가정을 책임져야 하고, 아내는 주부라는 이름으로 가정을 꾸려가야 한다. 그러나 부부가 서로의 마음을 헤아려 갈등을 없애기 위해서는 무엇보다 마음의 자세가 중요하다. 이에 대해 부부가 공동으로 지켜야 할 역할들로서 다음과 같은 사항들을 생각해 볼 수 있다.

첫째, 어떤 상황에서든 두 사람이 동시에 화를 내지 말아야 한다.

둘째, 다툼이 있어 화가 났을 때는 절대로 큰 소리를 내지 말아야 한다.

셋째, 눈은 허물을 보지 말되, 입은 실수를 하지 않도록 하여야 한다.

넷째, 아내나 남편을 다른 사람과 비교하여 분란을 일으키지 말아야 한다.

다섯째, 상대의 과거 잘못 등에 대한 아픈 곳을 절대 긁지 말아야 한다.

여섯째, 화는 침상에까지 들어가지 말고 바로 풀어야 한다.

일곱째, 사랑의 연분을 그대로 유지하되 결혼한 초심을 잃지 말아야 한다.

여덟째, 수많은 갈등이 있을지라도 결코 단념하지 말아야 한다.

아홉째, 무슨 일이든 숨기지 말고 상대에게 정직하게 대하여야 한다.

열 번째, 하늘에서 주어진 인연의 섭리를 절대 잊지 말아야 한다.

부부 관계에서 서로의 마음을 헤아리려면, 자신의 감정이나 생각을 상대방에게 털어놓을 필요가 있다. 생각과 감정을 마음속에 묻어두기만 하는 사람은, 외로움을 더 느낀다고 한다. 반면에 자신을 기꺼이 드러내고 속마음을 함께 나누는 사람은 언제라도 따뜻한 도움의 손길을 받을 수 있다는 것이다. 그래서 누구든지 속마음을 드러내고 살게 되면, 어려운 상황에서도 가치 있는 행복을 느끼게 된다. 사실 사람들은 자신의 속마음을 쉽사리 내보이려 하지 않는다. 마음을 내놓는다는 건 자존심의 문제이기도 하고, 여러모로 쉽지 않은 일이다. 브라이언트의 『일반적 사회적 지원의 구성 요소』에서는 "사회적으로 개방적인 사람들, 즉 자신을 드러내는 것에 망설임이 없는 사람들은 그렇지 않은 사람들에 비해 24%나 더 행복하다."라고 하였다.

부부라고 해도 서로의 마음을 헤아리는 일은 결코 쉽지 않다. 자신의 속마음을 열고 상대방에게 다가가야 하는데 선뜻 용기를 내기가 쉽지 않기 때문이다. 상대방에게 그저 도움을 받으려고 하면 자신이 더 힘들 수가 있다. 스스로 행복한 마음이 들려면 먼저 베풀어야 한다. 부부가 서로 힘들 때, 옆에 있어주는 것만으로도 뿌듯하지만 더 친밀한 마음의 정성이 필요하다. 사랑도 받는 것보다는 주는 것이 더 행복하다고 하였다. 부부 사이가 좋지 않아 불화가 생겼을 경우에는 다른 가족 및 주변 친지들에게 그 여파가 전염되어 모두를 힘들게 하는 경향이 있다. 미네소타 대학교수 제프 심슨이 『부부간의 갈등 유형과 사회적 네트워크』에서 말하기를 "가까운 사람들 사이에 문제가 생겼을 때, 그저 보고만 있으면 제삼자인 나의 행복도 15%나 줄어든다. 어려움을 피하기보다 정면으로 부딪치며 해결하는 것이 행복을 유지하는 비결이다."라고 하였다.

행복이란 사람이 심적으로 안정되고 평안하다는 느낌을 말한다. 그렇기에 부부의 행복지수를 높여가려면 서로 마음을 잘 헤아려야 한다. 부부가 함께 있을 때 자신이 원하는 대로 상대가 따라주기만을 바라는 사람이 있다. 하지만 모든 사람이 그런 식으로 상대방에게 요구만 한다면, 이 세상 어느 누구도 진정한 행복을 가질 수 없다. 자신의 방식만을 고집할 것이 아니라 다른 사람의 입장을 고려해서 배려할 줄 알아야 한다. 부부가 함께하는 시간이 자신에게 어떤 의미를 부여하고 있는지 생각한다면, 그러한 태도는 고쳐야 할 일이다. 모두가 다르다는 것을 인정하되, 가벼운 마음으로 먼저 다가가면 더욱 가까워질 수 있다. 그것이 곧 행복으로 가는 길이 된다. 상대에게 한발 양보하는 것이 낫다. 이에 미네티는 이렇게 말했다. 『여성의 교육열이 부부 관계에 미치는 영향』에서, "변화와 긍정적인 가치를 열린 마음으로 받아들이는 사람은, 그렇지 않은 사람보다 35%나 더 행복해질 수 있다."라고 하였다. 친구 사이일지라도 너무 가깝게 지내다 보면, 말을 함부로 하거나 장난질이 심해서 다툼이 되고 멀어지고 만다. 그런 현상들을 주변에서 볼 수 있다. 부부 사이도 가장 가까운 사이인 관계로 자칫하면 소홀히 할 수 있는 경향이 있다. 부부지간에는 원래 그러려니 하는 식으로 판단하고 경솔한 처세를 한다면 나중에 후회하게 된다. 이러한 문제를 두고 "가까운 사이일수록 예의를 지키라"라는 옛말이 있다. 그다지 가깝지 않은 사람들이 비난할 때는 좋지 않은 말도 가볍게 넘어갈 수 있다. 하지만 배우자나 가족 등 가까운 사람들로부터 듣는 나쁜 말은 깊은 상처로 남고 문제가 된다. 상대에게 험한 말을 하거나 단정한 태도를 보여주지 못할 경우, 인간관계를 해칠 수가 있다. 또한 그 피해가 부메랑이 되어 고스란히 자신에게 돌아온다. 그래서 부부간에는 마음을 헤아리는 정성이 어느 누구보다도 절실히 요구된다.

집게손가락 하이파이브
부부 행복을 위한 Tip 2

– 부부 행복의 집중도를 높이지 못한 이들에게 –

① 우리 생활 속에서 기본에 충실하지 못해 기초가 부실하여 망가지는 경우가 있다. 부부도 행복을 지켜야 할 기본 원칙을 세워 합심하는 모습을 갖춰야 하고 어떠한 힘든 일도 인내와 끈기로써 극복하는 슬기를 키워가야 한다.

② 부부가 조그마한 일에서부터 공감을 이루지 못하고 따로 행동하는 모습을 보일 때가 있다. 부부는 일심동체라, 한 마음 한뜻이 될 때 발전된 모습이 기대되기 마련이다. 무슨 일이든 서로 협의하고 문제를 풀어가야 한다.

③ 평생 동반자인 부부가 신혼시절의 초심을 잃고 사랑의 힘이 떨어지는 경우가 있다. 부부에게는 서로를 위한 따뜻한 마음과 사랑이 필수적이다. 자신을 위하듯 배우자를 더 아끼고 사랑하는 모습으로 부부 행복의 집중력을 키워가야 한다.

④ 부부 사이에 사소한 갈등이 빚어져 더 큰 문제로 확산되는 경우가 있다. 배우자의 축복스런 일들에 기꺼이 다가가는 노력을 기울이고, 미리 챙겨서 관심을 표명하는 등 깊은 정성이 깃들 수 있도록 노력하여야 한다.

⑤ 부부는 평생 가까이 지내면서도 서로에게 자칫 소홀해질 때가 있다. 평상시 서로 간에 늘 존경하고 배려하는 마음을 보여주도록 하고, 말 한마디에도 신경을 써서 화를 불러 일으키는 경솔함이 없도록 해야 한다.

⑥ 부부간에는 생활 속에서 일어나는 즐겁고 기쁜 일들을 간과해서 서로 간의 기분을 상하게 하곤 한다. 부부간의 일들은 거창한 문제보다 소소한 일들이기에, 기쁨을 선사하는 생활 주변의 작은 일들을 찾아서 부부의 정을 두텁게 만들어가도록 해야 한다.

⑦ 부부가 서로의 마음을 헤아리지 못해 마찰과 갈등이 생긴다. 갈등의 해소를 위해선 평상시 대화를 자주 나눠야 한다.

3장

가운뎃손가락 : 브랜드
가정의 행복은 아내에게 달려있다

"세상에서 가장 행복한 사람은
현명한 아내를 가진 남자이다."

− 탈무드 −

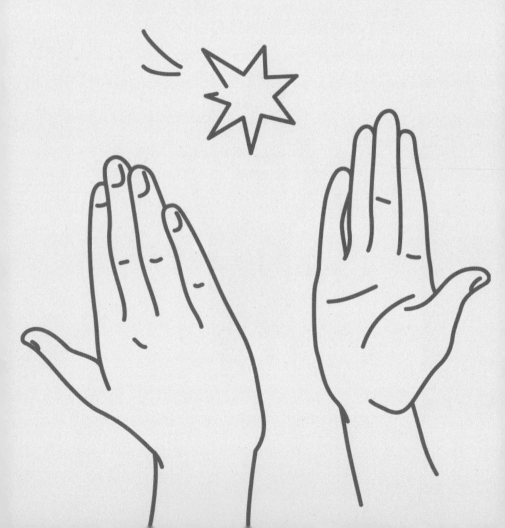

가정 행복을 살찌우는
아내의 중추적 역할 높이기

"여성은 남성의 보호에 의존해서는 안 되며, 오히려 스스로를 보호할 수
있도록 길러져야 한다."

– 수전 B. 앤서니 (미국 여성 운동가) –

여자는 일생을 살아가면서 딸, 아내, 며느리, 어머니, 시
어머니, 할머니 등 여러 가지의 위치에서 다양한 경험을 하
게 된다. 각각의 위치에는 고유한 권리와 의무가 따르고 그
에 상응하는 행위 규범이 있다. 그중에서도 아내라는 직분
은 남다르다. 아내에 대한 호칭도 다양하다. 여보, 당신, 자
기, 마누라, 임자, 집사람, 안사람 등이다. 남편은 한 가정
의 가장이고, 아내는 남편을 내조하는 사람이다. 둘은 상호
보완적인 관계를 이루며 산다. 과거의 전통사회에서는 아내
의 자리가 예속과 희생에 의해서 이룩될 수 있었다. 이 시기
엔 남성과 여성이 대등한 관계가 아니었다. 가부장제 사회
에서 아내는 남편의 종속적인 대상이었다. 우리말에는 남녀
간의 유별을 강조하는 말이 많다. 천시나 학대의 표현을 많

이 써온 것이다. 호칭에 있어서도 마누라, 안사람, 집사람, 여편네 등으로 불러 아내를 상대적으로 낮춰보는 경향이 있었다.

옛날 속담만 봐도 알 수 있다. 그때 당시 여성이 사회적으로 멸시받았음을 짐작케 하는 속담이 적지 않다. 이는 그 당시 사는 모습을 반영하는 듯하다. 예를 들어, "딸은 출가외인", "암탉이 울면 집안이 망한다.", "여편네 잘 만나면 오뉴월에 팥밥 먹는다.", "아내가 좋으면 처가 말뚝에도 절한다.", "아내 잘 만나면 평생 복이고, 잘못 얻으면 평생 원수다.", "부부 싸움은 칼로 물 베기다.", "귀머거리 삼 년, 장님 삼 년, 벙어리 삼 년." 등이다. 이는 가정의 화평에 별 도움이 되지 않는 표현이다. "여편네 팔자는 뒤웅박 팔자라.", "여편네는 돌아다니면 버리고, 그릇은 빌려주면 깨진다.", "여편네 소리가 담을 넘으면 집안이 망한다." 이와 같은 속담은 아내는 남편에게 종속적이어야 하고 남편의 일에 간섭하지 말아야 하며, 아내의 운명은 남편에게 달려있다는 의미를 담고 있다. 이러한 속담들만 봐도 알 수 있다. 그때 당시 여성들의 사회적인 지위가 낮았다는 사실을 말이다. 하지만 오늘날엔 달라졌다. 이제는 아내가 남편의 행동에 중대한 영향을 미친다. 그뿐만 아니라 남편의 운명이 아내에게 달린 시대가 되었다.

남편과 아내. 이들은 분명 서로 독립적인 개체다. 그러나 옛날에는 아내를 남편에게 종속된 사람 정도로 보았다. 그만큼 여성의 지위가 낮았다. 그런 여성들에게 어느 날 남성과 마찬가지로 다양한 권리가 주어졌다. 과거에 비해 지위가 많이 올라간 것이다. 이러한 변화는 그리 오래전의 일이 아니다. 이제 여성들은 주체적으로 살아가는 존재가 되었다. 과거에 비해 사회 진출도 늘어나고 경제력 역시 월등해졌다. 과거와는 판이하게 다른 사회가 펼쳐지고 있다. 좋은 환경으로 변한 것이다. 이런 시대에 남편들은 긴장해야 한다. 아내의 의견을 일방적으로 무시하는 남편의 독선적인 행동은 화를 자초할 수 있기 때문이다. 그러나 아직도 일부 남편들은 돌아가는 현실을 잘 모르거나 알더라도 이런 현실을 외면하곤 한다. 이러한 불성실한 남편은 아내로부터 대접을 못 받는다. 또한 가정의 행복도 스스로 저버리는 셈이 될 수 있다. 스스로 변화하지 않으면 누구나 도태되고 만다.

이제는 가정에서의 중추적인 역할을 아내가 하지 않으면 안 된다. 아내는 다양한 역할 수행으로 인해 책임감을 크게 느낀다. 변화하는 세상에서 남편이 아내에 대한 태도와 모습을 바꾸어야 한다. 아내 역시 마찬가지다. 바뀐 세상에 적응하려면 새롭게 변화하지 않으면 안 된다. 변화되는 삶은 거저 얻어지는 것이 아니다. 아내는 새로운 환경에 적응하도록 자신에게 꾸준히 투자하고 관리해야 한다. 이렇게 긍정적으로 변화하는 것은 개인 스스로의 발전에도 좋다. 이러한 변화 속에서 남편의 태도와 자세가 현실에 맞게 바뀔 것이다. 가정의 행복은 기대하는 만큼의 성과를 이뤄낼 것이다. 이에 아내는 자신의 강점을 최대한 살려 숨은 능력을 개발하는 노력을 기울일 필요가 있다. 변하는 아내 모습에서 남편의 생각은 분명히 달라질 것이고 더욱 사랑받는 아내로 변신할 것이다. 이를 통해 삶은 보다 윤택해지고 아내는 아내 자신 스스로 행복을 불러올 것이다.

그러면 아내가 가정의 중추적인 역할을 하려면 어떠한 모습을 갖춰야 할까? 우선 아내가 기본적으로 갖춰야 할 마음의 자세와 태도에 대해서 알아보고자 한다.

첫째, 남편을 남편다운 모습으로 키우기 위해서는 부드럽고 어진 아내가 되어야 한다. 반면에 억지를 부리는 아내는 남편에게 잡혀 산다.

둘째, 선량한 남편을 원한다면 착한 아내가 되어야 한다.

셋째, 가족에게 삶의 기쁨을 줄 수 있는 아내로서의 강점을 살려야 한다.

넷째, 친구 같은 아내가 되어 남편을 리드할 수 있는 지혜로운 아내가 되도록 한다.

다섯째, 가정의 평온과 온화함을 위해 아내의 얼굴에는 감사하는 모습이 돋보여야 한다.

여섯째, 남편이 외롭고 쓸쓸하지 않도록 따뜻하게 감싸주는 아내가 되어야 한다.

일곱째, 남편이 가정생활에 적당히 긴장할 수 있게 아내의 현명한 바가지 긁기가 필요하다.

여덟째, 칭찬이 남편과 가정의 삶을 변화시키는 원동력이 되도록 흐름을 잘 맞춰가야 한다.

아홉째, 경청은 가장 훌륭한 대화로서 남편의 말을 성의 있게 들어주는 자세가 필요하다.

열째, 남편이 자신감을 키워갈 수 있도록 아내부터 용기 있는 행동을 해야 한다.

김옥림 씨의 저서 『아내가 남편에게 남편이 아내에게』에서는 현명한 아내가 되기 위한 열 가지 법칙이 등장한다. 여기서 제시한 것들을 꾸준히 실천해 간다면, 누구보다도 적극적인 삶을 살아갈 수 있다. 그러면 행복도 가까이 다가올 것이다. 현명한 아내는 만족스런 행복을 위해서 보다 적극적인 모습을 보여야 한다. 글의 전문을 이곳에 옮긴다.

첫째, 멋과 사치를 구분하는 눈을 가져야 한다.

둘째, 사치는 돈 낭비에 불과함을 기억하라.

셋째, 진짜 멋쟁이는 기존에 갖고 있던 옷으로 자신을 멋지게 코디하는 사람이다.

넷째, 적은 돈으로도 멋을 부릴 줄 아는 센스를 길러라.

다섯째, 남의 떡은 언제나 커 보이는 법이다.

여섯째, 나만의 개성을 살리는 스타일리스트가 되라.

일곱째, 나의 장점을 최대한 활용하라.

여덟째, 각종 여성 잡지나 신문, 방송 등에서 제공하는 정보를 응용하여 자신감을 키워라.

아홉째, 실속 있는 일에 적극적으로 참여하여 자신의 능력을 계발하라.

열째, 리폼을 적극적으로 활용하여 불필요한 낭비를 줄여라.

아내가 남편을 위해 갖춰야 할 자세와 현명하게 대처하는 생각들을 간추려서 정리했다. 이것들 외에도 더 좋은 생각이 필요하다. 행동으로 옮겨야 할 일들도 무수히 많을 것이다. 모든 것을 다 잘할 수는 없는 노릇이다. 한 걸음씩 착실히 전진해 간다면 좋은 성과를 가져올 것이고, 가정의 평화에 조금 더 가까이 다가설 수 있을 것이다. 무슨 일이든 기본을 충실히 하는 게 중요하다. 매사를 튼튼하게 할 수 있는 기틀을 다져야 한다. 아내가 자신의 건강한 삶과 가정의 행복을 원한다면, 하루라도 빨리 마음을 다져서 새로운 길을 개척해야 한다. 아무리 좋은 충고와 조언을 듣는다고 해도 그것을 실천하지 않으면 소용없다. 또한 머뭇거리기만 하다간 기회를 놓치고 만다. 어느새 또 다른 모습으로 변질될 수 있으므로 결단성 있는 다짐이 필요하다. 레이켈 카슨은 이렇게 말했다. "아름다움에 대해 깊이 생각하는 자는 인생을 견딜 힘을 발견하게 된다."라고 말이다. 아름다움을 추구하는 자는 스스로의 어려움을 극복하고 성과를 이뤄내야 한다.

가정 내에서 아내가 중추적인 역할에 충실할 때, 생겨나는 시너지 효과는 많다. 가정의 행복이 무럭무럭 익어갈 수 있고 더 많은 행복의 길로 나아갈 수 있다. 세상일이란 게 그렇다. 스스로 깨닫지 못하면, 이정표 없는 급급한 삶에 떠밀려 살 수밖에 없다. 삶의 중심을 어디에 두고 살아야 할지 한번 되돌아볼 필요가 있다. 아내 자신에게 주어진 사명감을 떨쳐버린다고 해서 그것이 원래부터 없었던 것이 되는 건 아니다. 아내 스스로 나답게 사는 길이 무엇인지 생각하는 시간을 가졌으면 한다. 비록 현실의 형편이 어렵다고 할지라도 그 위기를 극복하고 희망을 찾아갈 용기를 잃지 않았으면 한다. 어렵고 힘든 마음을 닦아내는 것이 세상 공부가 될 것이다. 자신의 약점을 강점으로 바꿔나가는 중요한 계기가 될 것이다. 오늘 하루가 인생의 마지막 날이라는 생각으로 삶에 임하다 보면 안 되는 일이 없을 것이다. 할 일을 미루는 것은 곧 인생을 낭비하는 일이다. 날마다 오늘이 인생의 마지막 날인 것처럼 살아라. 그렇게 살다 보면 언젠가는 올바른 길에 들어서는 자신의 모습을 발견할 수 있을 것이다.

평생 반려자로서 남편의 속성 이해하기

"자전거 타는 법을 배우는 데 성공하는 여성은 인생에서 성공하는 방법을 알게 될 것이다."

– 수전 B. 앤서니 (미국 여성 운동가) –

남성과 여성의 인류학적 발달사를 살펴보자. 남성의 역사는 곧 사회에서 살아남기 위한 생존과 경쟁의 역사였다. 반면 여성은 남성에게 선택받기 위한 노력의 역사였다. 또한 남성은 원시시대부터 사냥에 길들여져 자신의 일을 중요시했다. 반면 여성은 남성에게 보호받는 위치였다. 그런 이유에서 여성은 가정생활을 더 중요시했다. 그래서 독립적인 성향을 보이는 남성과 의존적인 성향을 보이는 여성 사이에는 생물학적으로도 이미 갈등이 잠재되어 있다. 남편과 아내는 가정을 잇는 연결 고리의 역할을 한다. 남편은 아내를 통해 가정에 참여하고, 아내는 남편을 통해 사회를 바라본다. 부부는 서로에게 있어서 가장 가까운 사람이다. 또한 가장 이기적인 사람이기도 하다. 서로 바라는 것이 많지만, 자발적으로 해주는 것은 적다. 상대가 싫다고 해도 잘 고치려 하지 않는다. 그 이유는 서로 받기만 하려 들기 때문이다. 그럼에도 부부간의 갈등은 사랑의 끝이 아니라, 아직도 사랑이 진행되고 있다는 애정의 표시로 바라보아야 할 것이다.

부부 사이의 골이 깊어졌을 때는 우선 서로의 다름을 인정해야 한다. 그것이 화해의 출발이다. 그렇게만 한다면 갈등은 해소될 것이다. 부부 싸움을 할 때, 자신만이 옳다고 착각하고 서로 이기려 한다면 해결책은 없다. 바람직한 부부 관계는 머리로 계산하지 않고 가슴으로 서로를 대하는 것이다. 세월이 흐르면 누구나 조금씩 변하기 마련이다. 첫사랑 시절의 마음을 그대로 간직한 부부는 거의 없다. 지금 겪고 있는 부부간의 고통의 대부분은 성숙하지 못한 마음으로 인해 생겨난 것이다. 부부의 갈등이 소나기처럼 금방 왔다가 끝난다면 땅은 더욱 굳어질 수 있다. 사랑이 그만큼 단단하게 여물 수 있다. 하지만 여름철의 장마처럼 오랫동안 서로를 지치게 만든다면 땅은 오히려 질퍽거릴 것이다. 부부는 역사적인 차원에서든, 생물학적인 차원에서든 서로 다른 존재다. 남편과 아내가 서로 다른 판단기준을 가진 이유는 무엇일까. 그 이유와 설명을 몇 가지 사례에서 살펴보면 다음과 같다.

1. 아내의 말에 남편이 쉽게 동조를 못 하는 이유는?

▶ 아내의 간섭이 지속될수록 자신이 원하는 일이나 행동이 아내 때문에 인정받지 못하거나 좌절될까 봐서 그렇게 나온다.

▶ 남편이 힘들어할 때는 아내의 관심도 부담되고, 때론 요청하지도 않은 아내의 조언이 남편의 자존심을 상하게 하거나 방해로 느껴지기도 한다.

2. 아내가 남편에게 실망하거나 기대가 무너졌을 때 화를 내는 이유는?

▶ 아내는 여자들의 속성 그대로 판단하여 소소한 일에 늘 관심을 갖고 접근한다. 그런 반면 남편은 사소한 일에 큰 신경을 안 쓰기 때문에 실망스러워 화가 난다.

▶ 아내는 결혼 후에도 항상 동화 속의 왕자를 기다리는 신데렐라가 되기를 바란다. 동화 속에 등장한 왕자가 남편이길 바라는 마음을 가지고 있다.

▶ 아내는 남편이 자신에게 관심을 덜 준 것에 대해 서운해한다. 남편은 아내가 자신을 통제하려 한다는 생각에 힘들어한다.

▶ 아내는 남편으로 인해 가정이 제대로 돌아가지 않

을 때 화를 낸다. 남편은 아내 때문에 자신이 하고
자 하는 일이 방해받을 때 화를 낸다. 아내가 화내
는 일의 90%는 가정 문제 때문이고, 남편이 화내는
90%는 자신과 관련되는 사업의 일이나 직장 문제
등이다.

3. 어떤 사건으로 인해 부부간의 신뢰가 무너졌을 때 내가 끝장을 보려는 이유는?

▶ 서로의 성격 문제일 수도 있다. 남편이라고 부부간
의신뢰에 대해 도외시하진 않는다. 다만 고의성이
아닌 사정은 받아넘길 수도 있음에도 아내 입장에서
이해하지 못하는 경우가 있다.

▶ 아내는 남편의 관심과 이해를 받길 원한다. 그렇기
에 남편의 진심이 느껴진다면 인정할 수 있다는 생
각이 바탕에 깔려 있다.

4. 아내는 가정에 문제가 일어났을 때 해결하려는 방법이 감성적이고, 해결속도가 느리다. 그 이유는?

▶ 남편은 자신의 일에만 치중해서 판단하고 생각하기에
단순하다. 하지만 아내는 문제를 복잡하게 접근한다.

▶ 아내는 가정을 최우선으로 생각한다. 그렇기 때문에

문제를 해결할 때에도 감성적인 면을 고려한 접근 방식을 선호한다. 반면 남편은 감성보다는 이성적이고 합리적인 접근 방식을 택한다.

▶ 남편은 직장이나 사업적인 면에서 성공 하나만을 내다보며 쉼 없이 달린다. 아내는 가정은 물론 남편에게 사랑받는다는 부분까지 생각하면서 멀리 내다보는 경향이 있다.

5. 아내가 인생 목표를 자신이 아닌 가정의 행복을 우선으로 두고 있는 이유는?

▶ 아내는 남편의 끊임없는 사랑과 가정의 풍요로움이 행복의 척도라고 생각한다. 그런 생각이 몸에 배어있고, 모든 사회의 환경을 통해 그리 만들어졌기 때문에 그렇게 행한다.

▶ 남편은 사회의 성공적인 측면을 인생의 목표로 두고 있다. 반면 아내는 가족 관계가 형성되고 있는 가정을 떠안고 있는 큰 책임을 안고 있다.

6. 아내는 선물의 크고 작음에 관심이 없다. 하지만 남편의 조그만 관심에 비중을 더 두는 이유는?

▶ 아내는 선물 받을 때마다 그 자체를 좋아하긴 하지

만, 비록 하찮은 선물일지라도 남편이 지속적인 관심을 더 가져주길 바라기 때문에 그렇게 나온다.

▶ 아내들은 선물의 개수나 질적인 부분으로 남편을 평가하지 않고 매너 있고 다정다감한 남편을 선호하는 경향이 크다.

▶ 아내들은 익숙한 것을 받아들이는 경향이 있는 반면에, 남편은 익숙한 것에 싫증을 내는 이성 간의 차이점이 있다.

7. 아내가 남편의 의중에 아랑곳없이 바가지를 긁거나 수다를 떨어야 하는 이유는?

▶ 남녀 간의 차이다. 여성들은 남성보다 수다를 많이 떨어야 한다. 또한 수다를 떠는 것이 스트레스 해소에도 도움이 된다. 그런 이유에서 아내들은 수다를 떤다.

▶ 아내가 바가지를 자주 긁는 이유는 남편이 여전히 자신을 지지하고 보호해 줄 거라는 믿음을 되새기고 싶은 이유에서다. 이는 남편의 도움으로 자신을 일으켜 달라는 신호로 받아들여야 한다.

▶ 아내의 잦은 잔소리는 남편을 향한 그리움일 수 있다. 아직도 예전의 사랑의 끈을 놓고 싶지 않은 아내의 가련한 마음으로 받아들여야 한다.

8. 아내가 부부 갈등이 있을 때 남편에게 화해 제스처를 자주 취한 이유는?

▶ 남편이 화해를 받아들이고자 하는 일말의 마음이 남아 있다고 믿기 때문이다.

▶ 아내는 가정의 미래를 위해서 남편의 참여가 꼭 필요하기에 대부분 화해를 요청해 온 반면, 남편은 가정불화 때문에 하고자 하는 일이 방해받는 것을 걱정한다.

▶ 아내가 화해를 요청했을 경우는, 남편의 잘못을 용서했다기보다는 남편의 잘못이 반복되지 않기를 바라면서 사랑을 확인했다는 점에 더 큰 의미를 둔다.

▶ 부부 갈등의 문제가 있을 때, 아내는 적절히 않은 상황에서도 잦은 접근으로 대화를 재개하자는 뜻을 보인 반면, 남편은 관계 복원을 위한 시도로 생각한다.

위의 사례처럼 아내는 자신과 남편의 속성이 서로 다르다는 점을 이해해야 한다. 현명한 상황 판단을 통해 올바른 길로 헤쳐나가야 한다. 이를 통해 남편을 리드함으로써 가정의 행복과 더욱 가까워질 수 있다. 더불어 아내의 역할 및 지켜야 할 10계명을 다음과 같이 정리했으니 참고했으면 한다.

첫째, 자신과 가정을 아름답게 꾸밀 줄 아는 능력을 키워야 한다.

둘째, 음식에 늘 신경을 쓰고 남편의 식성에 맞추는 노력을 기울인다.

셋째, 소통의 기회를 확대하고 남편의 말에 경청하는 자세를 가져야 한다.

넷째, 다른 사람들 앞에서 남편의 자존심이 상할 수 있는 결점에 대한 얘기는 하지 않는다.

다섯째, 남편에게 따질 일이 있을 때는 남편의 기분 상태를 판단해서 조치한다.

여섯째, 남편이 외롭거나 쓸쓸한 상황이 되지 않도록 관심을 갖는다.

일곱째, 중요한 가정 일을 결정할 때는 대화를 나누되 남편의 뜻에 따른다.

여덟째, 남편의 수입에 맞춰서 살림을 경제적으로 꾸려나간다.

아홉째, 모든 일을 처리하는 데 있어 인내와 절제력을 갖고 대응한다.

열째, 남편의 좋은 점을 발견하여 자긍심을 살려주고 함께 기쁨을 나눈다.

가정과 자녀의 장래를 위한 아내의 자존심 세우기

"자신을 가치 있는 사람이라고 생각하라. 칭찬과 존경을 받기에 충분한 인간이라고 생각하라. 그러면 결국 사람은 마음속에서 그리는 대로 되는 것이다."

- 노먼 빈센트 필 -

자존감이란 자기 자신으로부터 존중받고 싶어 하는 욕구를 뜻한다. 즉 타인의 외적인 인정이나 칭찬이 아닌, 자신 내부의 성숙한 사고와 가치에 의해 얻어지는 개인의 의식을 말한다. 또한 자존감은 자신을 존중하고 사랑하는 마음이며, 자신의 능력을 믿는 일종의 자기 확신이라고 볼 수 있다. 이와 관련해서 존 허셜은 이렇게 말했다. "자존이야 말로 모든 미덕의 초석이다."라고 말이다. 자존감은 그만큼 삶의 성취를 위한 기초라고 할 수 있다. 자존감이 잘 형성된 사람은 자신을 소중히 여기며, 다른 사람과 원만한 관계를 유지할 수 있다. 이처럼 자존감이 높은 사람이 있는 반면에 낮은 사람도 있다. 전자는 매사에 유연하게 대처할 수 있으나, 후자는 타인을 지나치게 의식하면서 전전긍긍하는 모습을 보이곤 한다.

　자존감을 키우려면 매사에 극단으로 치우치는 것보다는 균형 있게 유지하는 것이 중요하다. '김동철 심리케어'의 김동철 대표에 따르면, "기혼자의 우울도가 미혼자보다 높게 나온다."라고 하였다. 원인은 무엇일까. 가장 큰 이유로는 자유로운 개인 시간이 줄어들기 때문이다. 결혼을 하면 가정이라는 책임감이 생긴다. 그러니 미혼일 때만큼 자유롭지 못하다. 또한 시댁 등 새로운 문화로 인한 심리적 압박, 출산 후의 호르몬과 신체 변화, 새로운 가족 형성 등도 꼽을 수 있다. 주목해야 할 점은 자존감 하락으로 인해 다양한 부작용도 뒤따른다는 사실이다. 무기력증에 따른 활동에너지 저하, 에너지 감소로 인한 수면 문제, 섭식 장애 등이 대표적이다. 또한 기본적인 생체 리듬이 깨지면서 나타나는 생리불순, 임신중독과 같은 여성 질환도 발생할 수 있다. 이처럼 자존감이 낮아지는 일차적인 원인은 개인의 심리문제에 있다. 이외에도 여러 가지 외적인 요인들이 있다.

　가정 내에서 아내는 충분히 존경을 받을 수 있다. 다만 아내 자신이 어떻게 받아들이느냐가 중요하다. 그래서 아내는 늘 자신감에 넘치고, 자신이 유능한 사람이란 것을 확신하는 사람이 되도록 노력하여야 한다. 가정 내에서 아내의 자존감 하락은 여러 부작용을 유발할 수 있다. 우선 가정의 활기가 없어지고 남편과 자녀들에게 부정적 영향을 미친다. 이에 자존감을 높일 수 있는 방법은 여러 가지가 있다. 우선 아내 자신의 노력이 중요하다. 장점을 살릴 수 있는 전문적인 일에 종사하거나 종교, 취미생활 등을 활용해도 좋다. 그런데 방해가 되고 있는 것이 바로 남편들의 가부장적인 생각이다. 이러한 생각 때문에 아내를 이해 못 하여 마찰이 일어난다는 점이 문제다. 모든 가정사가 각자의 환경에 따라 형편들이 일률적이지는 못할지라도, 남편이 아내를 배려하는 아량을 가지는 것은 어느 누구나 가능하다. 아내의 자존감은 한 개인의 일로만 판단할 것이 아니라, 가정의 문제로서 광범위하게 받아들일 필요가 있다. 아내로 인해서 가정에 주어지는 변화는 무시할 수 없기 때문이다. 한 번 일어난 가정의 불화는 일파만파로 퍼져 가정 내의 어려움을 겪게 한다. 이러한 갈등은 집안일이나 자녀 문제 등에 부부가 사사건건 부딪치는 일이 일어나게 한다.

우리 아내들은 대부분 섬세한 성격의 소유자로, 자기 일이나 취미 생활로 성취감 같은 것을 얻고자 한다. 그런데 남편이 이러한 일들을 이해 못 하고 막게 되면 여러 가지 문제를 야기하는 원인이 되어 가정의 화목은 기대하기 어렵다.

갈등이 오래가면 집안의 활기를 잃게 되고 가정 분위기도 침체된다. 때문에 성장하는 자녀들에게 교육적으로도 좋지 않은 영향을 미친다. 아내가 바깥 생활에 매달려 있을 때, 대부분의 남편들은 가정에 충실하지 않는다고 핀잔을 주는 등 아내의 자존심을 상하게 한다. 부부가 사소한 일로부터 시작해서 조그만 갈등이 생기게 되면 급기야 이혼까지 가는 현상도 빚어지곤 한다. 사실 부부는 뻔히 알면서도, 의미 없는 다툼을 지속하는 어리석은 짓을 오래 하기도 한다. 남편은 아내가 좋아하고 열심히 할 수 있는 것을 찾아서 도와주려는 자세가 무엇보다 중요하다. 이러한 남편의 태도 변화에 따라, 아내는 자신감을 얻어서 생활의 당당함을 찾을 수 있다. 또한 가족에 대한 배려심을 끌어낼 수 있다.

아내 역시 자존심이 너무 낮아도, 본인은 물론 가정 내에서 영향을 줄 수 있는 부분들이 있어 스스로의 자존심을 높이는 데 신경을 써야 한다. 아내는 건강한 자존감 회복을 위해 자신의 가치를 잘 알고, 스스로를 좋게 평가하는 방법을 가져야 한다. 특히 자존감은 가까운 사람과의 관계에 의해서 형성되는 만큼 남편의 동조를 크게 받아야 한다. 남편으로부터 긍정적인 피드백을 받아 탄력을 받을 경우 자신에 대한 믿음도 높아진다. 반면에 남편의 애정이 결핍된 냉정한 비판이나 비난, 조롱 등의 부정적인 피드백은 자존감을 무너뜨릴 수 있어 유념할 필요가 있다. 아내의 자존감이 떨어지면, 매사에 소극적으로 되고 존중받아야 할 가치가 저평가되어 말 그대로 자존심을 상하게 된다. 이에 대해 아내의 자존감 세우는 노력의 방법들을 몇 가지로 정리해서 생각해 보도록 하자.

첫째, 자신의 실수를 너그러이 받아들여 다시는 반복되지 않도록 노력한다. 자존감이 낮은 사람은 자신을 질타하거나 창피스러움을 많이 느껴 이를 극복하는 데 어려움을 겪는다. 누구나 다 겪는 실수의 문제를 과감히 떨쳐버리지 못하고 자신을 옭아매는 것은 올바른 태도가 아니다. 공자는 "스스로를 존경하면 다른 사람도 그대를 존경할 것이다."라고 하였다. 스스로를 낮게 평가하는 어리석음은 그저 삶의 장애물이 될 뿐이다.

둘째, 실수가 있었다고 할지라도, 그간의 노고를 달래며 긍정적으로 받아들이는 생각을 가져야 한다. 사람이 어떠한 곤경을 당해서 비관적인 사람이 되면 그저 그렇게 흘러가 버릴 수가 있다. 그래서 어떤 상황에서도 늘 자신감 있게 긍정적인 생각을 가져야 한다. 랄프 왈도 에머슨은 "나 자신에 대한 자신감을 잃으면 온 세상이 나의 적이 된다."라고 하였다. 자신감을 잃으면, 의지가 없어져 세상사 의욕이 떨어지고 되는 일도 없는 아주 우스운 꼴이 된다.

셋째, 자신을 제일 잘 알고 있는 사람은 자기 자신이다. 자신이 잘될 수 있는 길은 자신을 위로하고 격려하는 것이다. 그러나 자존감이 낮은 사람은 비관적이고 부정적인 생각이 짙게 깔려 있어서 극복하기가 쉽지 않다. 그러기에 자신을 과소평가하는 것을 억제하고 자신을 격려하고 용기를 북돋우는 자세가 절대적으로 중요하다. 로잘린 카터는 "자신의 능력을 믿어야 한다. 그리고 끝까지 밀고 나가라."고 하였다. 신뢰의 중요성에서는 자신의 믿음이 최고다.

프리드리히 니체의 저서 『차라투스트라는 이렇게 말했다』에는 다음과 같은 구절이 등장한다. "두려움을 알면서 두려움을 제압하는 자, 심연을 보지만 자긍심이 있는 자가 대담한 자다. 심연을 보지만 독수리의 눈으로 보는 자, 독수리의 발톱으로 붙잡는 자에게 용기가 있다. 사람은 대지와 삶이 무겁다고 말한다. 중력의 악령이 바라고 있는 것이 바로 그것이다. 그러나 가벼워지기를 바라고 새가 되기를 바라는 자는 자기 자신을 사랑해야 한다." 니체의 말처럼 우리는 자기 자신을 존중하되 늘 긍정적인 생각을 갖고, 끊임없이 자기 자신을 극복하려고 노력하는 자세를 가져야 한다. 아내는 자존감 회복에 더욱 많은 투자를 하여야 하고 지속적인 동기부여를 해야 한다. 아내는 확실한 의지를 갖고 꾸준한 실천을 해나가야 한다. 가정의 화목과 자녀들의 장래를 위해 밝은 등불이 되는 역할을 적극적으로 도모하여야 한다.

남편이 기대하는
지혜롭고 정숙한 아내 되기

"삶이란 우리의 인생 앞에 어떤 일이 생기느냐에 따라 결정되는 것이 아니라, 우리가 어떤 태도를 취하느냐에 따라 결정되는 것이다."

– 존 호머 밀스 –

지혜롭게 사는 것은 어떻게 사는 것일까? 하고 스스로 자문해 보거나 남의 질문을 받아본 적이 있을 것이다. 지혜로운 삶은 사물의 이치나 상황을 제대로 깨닫고 현명하게 대처하는 정신 능력이다. 흔히들 많이 배운 사람이 지혜로운 사람이라고 착각하곤 한다. 하지만 많이 배운 사람일지라도, 지혜롭지 못한 사람이 의외로 많은 걸 보면 이건 이치에 맞지 않는 말이다. 또한 배우지는 못했지만 지혜롭게 사는 사람들이 얼마든지 있다. 그래서 지혜로움은 많이 배우거나 돈을 많이 버는 사람과는 별개로 판단할 문제이다. 지혜로운 삶은 사는 과정에서 여러 각도로 생각될 수 있다. 또한 지혜로운 삶은 사회에서나 직장에서, 그리고 가정 등에서 각기 요구되고 있다. 사람은 나이가 들어가면서 경험을 통해 깨닫기 때문에 지혜가 늘어나게 되어있다. 다만 나이가 들었을지라도, 사람마다 각자 다른 위치에 있기 때문에 똑같은 경우는 있지 않다. 자신이 지혜롭게 사는 방법을 어떻게 받아들이느냐에 따라 다를 수 있다.

여기서 현대 우리들이 직면한 문제들의 가르침을 통해서, 삶의 지혜와 잔잔한 기쁨을 누리도록 이끌어준 크리슈나무르티의 「지혜로운 삶을 위하여」란 글을 소개해 본다.

멀리 있다 해서 잊어버리지 말고 가까이 있다 해서 소홀하지 말라.

좋다고 금방 달려들지 말고 싫다고 해서 금방 달아나지 말라.

부자는 빈자를 얕잡아보지 말고 빈자는 부자를 아니꼽게 생각하지 말라.

악을 보거든 뱀을 보듯 피하고 선을 보거든 꽃을 본 듯 반겨라.

타인의 것을 받을 때 앞에 서지 말고 내 것을 줄 때 뒤에 서지 말라.

은혜를 베풀거든 보답을 바라지 말고 은혜를 받았거든 작게라도 보답하라.

사소한 일로 해서 원수 맺지 말고 이미 맺었거든 맺은 자가 먼저 풀어라.

타인의 허물은 덮어서 다독거리고 내 허물은 들춰서 다듬고 고쳐라.

모르는 사람 이용하지 말고 아는 사람에게 아부하지 말라.

죽어서 천당 갈 생각하지 말고 살아서 원한 사지 말며 죄짓지 말라. 나를 용서하는 마음으로 타인을 사랑하고 나를 다독거리는 마음으로 타인을 다독거려라.

타인들의 인생을 쫓아 헐떡이며 살지 말고 내 인생 분수 지켜 여유 있게 살아라.

이것이 지혜로운 삶이니라.

- 크리슈나무르티의 「지혜로운 삶을 위하여」 중에서

또한 법구경에서는 지혜로운 삶을 이렇게 표현하였다. "덕이 높은 사람은 욕심이 없어 가는 곳마다 밝고 환한 모습으로, 즐거운 일이나 괴로운 일이 생겨도 흔들리지 않고 지혜로운 모습을 드러낸다." 이처럼 바른 도리를 지키고 살면 인생이 흔들릴 일도 없으니 순수한 마음으로 살아가는 것이 지혜로운 삶이 될 것이다. 우리들은 지혜로운 삶을 살아가기 위해 책을 읽거나 선인들의 경험을 접한다. 그 속에서 관찰한 바를 자신의 지혜로 삼는다. 그동안 살아온 날들을 되돌아보면 후회스러운 일들이 많이 떠오른다. 누군가는 지혜롭지 못한 날들을 후회하기도 한다. 그렇다면 후회 없는 삶을 살아가기 위해서는 어떻게 해야 할까. 그것은 바로 철저한 자기관리다. 자기관리란 곧 습관을 말한다. 좋은 습관을 항상 몸과 마음에 새겨둔다면 지혜로운 삶에 가까워질 수 있을 것이다. 이것과 관련한 자기 관리 방법을 몇 가지 간추려서 정리해 본다.

첫째, 남의 말에 경청할 줄 알고 말의 실수를 대비해 많은 말을 하는 것을 삼간다.

둘째, 사람 간의 원만한 관계 형성을 위해 소통의 힘을 키우고 늘 대화로 문제 해결에 나선다.

셋째, 어려운 일이 닥칠수록 늘 웃는 모습으로 다가가면 뜻밖의 문제가 풀려나간다.

넷째, 정녕 화를 내고 후회하거나 손해 보는 짓을 하지 않으려면 화를 내서는 안 된다.

다섯째, 미소의 힘이 얼마나 큰지는 웃음을 띠고 있으면 깨달을 수 있다.

여섯째, 세상 모든 것이 고마운 일들이다. 늘 감사한 마음으로 모두를 대하는 습관을 기른다.

일곱째, 모든 일에 긍정적인 사고를 갖도록 꾸준한 훈련이 되어야 한다.

여덟째, 자신의 탁월성을 이해하는 것에서부터 출발하여

바로 보는 지혜가 있어야 한다.

아홉째, 모든 것을 포용하고 이해하는 넓은 마음을 갖고 생활에 임해야 한다.

열째, 자신의 삶을 풍요롭고 윤택하게 만들어가기 위한 꾸준한 노력이 있어야 한다.

가정에서 사랑받는 아내가 되기 위해서는 남편의 마음을 사로잡아야 가능하다. 내가 아니면 안 된다는 마음이 들도록 적극적인 자세가 필요하다. 우선 남편을 위해 뭔가 노력하는 모습을 보여줘야 한다. 남편을 위해 애쓰고 노력하는 아내를 남편이 좋아하지 않을 리가 없다. 남편을 사로잡는다고 말은 쉽게 하지만, 결코 쉬운 일은 아니다. 그렇다고 전혀 불가능한 일도 아닐 것이다. 아내가 하기 나름에 따라 그 결과는 분명코 좋게 나타날 수가 있다. 이것도 남편을 다루는 하나의 기술로 볼 수도 있다. 이러한 기술을 터득하기 위해서는 아내 나름의 여러 가지 궁리를 하고 전략적인 방법이 필요할 것이다.

아내가 남편을 사로잡기 위해서는 여러 가지 생각을 해볼 수 있으나, 아래와 같이 몇 가지 방안을 모아서 정리해 본다.

첫째, 남편에게 항상 긍정적인 말로 표현하여야 한다.

둘째, 남편에 대한 믿음을 확실하게 심어줘야 한다.

셋째, 포용하고 이해하는 마음을 넓게 가져야 한다.

넷째, 잔소리는 가급적 짧게 하고 칭찬은 이어가듯이 길게 한다.

다섯째, 정서적인 분위기를 사로잡는 역할을 충실히 한다.

여섯째, 남편을 외롭고 쓸쓸하게 놔두지 않는다.

일곱째, 남편이 원하는 것이 무엇인지 미리 센스 있게 알아차리고 원만한 처리를 해준다.

아내가 보다 지혜로운 모습으로 남편에게 다가왔을 때 그 변화된 모습을 남편이 모를 리 없다. 사실 남편이 아내에게 직접적인 표현을 하지 않아서 그렇지, 더 바라고 있는 사항인지도 모른다. 이러한 남편의 기대치를 아내 스스로 판단해서 보여준다는 것은 가정을 위해서도 크게 만족할 만한 일이다. 가정 문제는 부부간의 소통부재에서 시작된다. 부부가 서로 양보하고 이해한다면 가정 내 힘든 문제로 비화할 여지는 별로 없는 것이다. 결혼해서 둘이 하나가 된다는 것은 육체적, 정신적으로 하나가 된다는 뜻이다. 아내로부터 좋은 모습이 나타난다는 것은 더할 나위 없이 좋은 일이다. 이렇게 가정의 모습이 건강하게 발전한다는 것은 가정의 미래가 밝아지는 징조이다. 이로 인해 부부간의 애정이 더욱 쌓여가고 가정의 화목은 갈수록 두터워져 행복은 더욱 가까이 다가올 것이다.

뿐만 아니라, 자녀들에게 보여지는 모습도 좋기에, 인성 교육 측면에서도 월등한 효과를 가져올 수 있다. 화목한 가정에서는 자녀들이 성장하는 과정이 남다르게 좋아질 수 있다. 결손 및 비행 청소년이 나오는 가정은 부모들의 책임이 크다는 것을 인식하여야 한다. 원인과 결과는 결코 따로 놀지 않는 법이다. 결국 가정 내에서 이뤄지는 여러 모습들은 부부가 어떻게 행동하느냐에 따라 그 양상이 달라진다. 그렇기에 가정 내에서 일어나는 문제의 소지는 물론 성과를 이뤄내는 것은 결국 아내의 손에 달려있다는 표현은 전혀 틀린 게 아니다. 좋은 가정을 꾸려가면서 가정의 행복이 더욱 무르익어 가려면 더욱 필수적인 사항이다. 이러한 바람을 어느 아내가 싫어할 것이며 할 수 없는 일이라고 마다할 것인가? 그래서 남편은 지혜로운 아내이기를 간절히 바랄 것이며 보다 우아하고 정숙한 모습을 가져주길 내심 기대하고 있는 것이다.

부처님은 아내에게 일곱 가지 종류가 있다고 가르치셨다.

똑같은 아내일지라도, 남편을 살리는 아내가 있고 죽이는 아내가 있다. 다음은 부처님의 말씀이다.

첫째, 남편을 죽이는 아내

둘째, 도둑과 같은 아내

셋째, 주인 같은 아내

넷째, 어머니 같은 아내

다섯째, 누이동생 같은 아내

여섯째, 친구 같은 아내

일곱째, 종 같은 아내

또한 황창연 신부의 행복 강의를 모아 꾸며진 책, 『사는 맛 사는 멋』이란 내용 중에 현명한 아내의 십계명이 있어 이를 옮겨본다.

1. 남편에게 부드러운 말로 잔소리해라.

2. 아내 자신을 예쁘게 꾸며라.

3. 집을 깔끔하게 가꾸어라.

4. 아내는 맛있는 요리 가짓수를 늘려라.

5. 아내는 다른 남편과 비교하지 말라.

6. 아내 혼자만 말하지 말라.

7. 남편에게 감사와 감탄을 자주 해주어라.

8. 남편에게 혼자 있는 시간을 주어라.

9. 남편과 함께 여행을 다녀라.

10. 남편 취미에 동참해라.

웃음 넘치는 단란한 가정 조성하기

"이 세상에는 여러 가지 기쁨이 있지만, 그 가운데서 가장 빛나는 기쁨
은 가정의 웃음이다."

— 페스탈로치 —

'한 번 웃으면 한 번 젊어진다(一笑一少).', '웃는 문으로 만
복이 들어온다(笑門萬福來).'라는 말이 있다. 이처럼 웃음은
건강과 복을 가져다주는 메신저 역할을 한다. 우리는 몸에
좋은 명약을 지니고 있으면서도 제대로 활용을 못하고 묵혀
두고 있다. 웃음은 신이 사람에게만 내려준 축복이라고 한
다. 사람은 왜 사는가? 이 질문을 두고 사람들은 이렇게 답
한다. 인생의 목적은 행복이라고, 행복해지기 위해 사는 것
이라고 말이다. 행복은 반드시 웃음을 동반하게 되어있다.
결국 인생의 최종 목적은 웃음을 얻기 위한 것이라고도 얘
기할 수 있겠다. 한바탕 크게 웃고 나면 속이 후련할 뿐만
아니라 피로도 가시고 기분도 한층 좋아진다. 도대체 웃음
은 무슨 까닭으로 이런 위력을 발휘할까? 큰 소리로 웃는

그 순간에는 걱정과 근심이 사라진 듯 쾌활해진다. 마치 짙게 드리운 먹장구름이 걷히면서 햇빛이 쫙 비치는 모습과 같다. 그러니까 웃음은 마음속에 잠재해 있는 즐거움이 드러날 수 있도록 걱정을 일순간에 걷어내는 역할을 한다. 또한 자주 웃으면 내면의 즐거움이 솟아나서 부정적인 느낌이 긍정적으로 바뀌고 마음을 차분하게 이완시켜 준다. 긴장된 마음이 풀어지면 온갖 근심이 사라지는 법이다.

웃으면서 즐거움을 만들고 스스로를 격려해야 한다. 자신감을 회복시킬 필요가 있다. 몸의 긴장이 풀리고 마음이 편해지면, 어려운 일도 유연하게 대처할 수 있는 힘이 생긴다. 더구나 생각지도 못한 좋은 아이디어가 떠오르는 등 창의성이 발휘되기도 한다. 미국 초프라 행복센터의 디팩 초프라는 "70세쯤 되면 그동안 살아오면서 경험한 것을 통해 느낀 긍정적 또는 부정적인 기억과 그 결과물이 각자의 세포에 독특한 형태로 각인된다."라고 하였다. 그래서 걱정을 없애고 밝은 감정을 유지하도록 할 필요가 있다. 웃음이야말로 자신을 지속적으로 건강하고 행복하게 만드는 최고의 보약이자 경쟁력이다. 사람은 '웃기 때문에 행복하지 행복해서 웃는 것이 아니라는 것.'이다. 웃음은 사람의 첫 번째 사회 활동이라고 한다. 웃음 자체가 부드러운 대화이며 호감의 표시이다. 그래서 웃음은 '마음의 대화'라고 한다. 함께 웃음으로써 상호 간의 신뢰가 쌓인다.

남에게 웃음을 선사하는 것은 사랑의 표현이요, 기술이다. 웃음이란 타인에 대한 애정 없이는 절대 나올 수 없는 제스처이다. 습관이 되어 늘 웃는 사람은 분명 건강한 사람이다. 건강하지 않는 사람이 웃고 있는 모습을 보기는 쉽지 않다. 건강이 좋지 않아 몸이 괴롭고 힘드니 웃음이 제대로 나올 리 만무하다. 세상에서 가장 아름다운 꽃은 '웃음꽃'이라 했다. 웃음은 영혼의 음악이요, 돈이 전혀 안 드는 천연화장품이다. 프랑스 작가 스탕달은 말했다. "사람은 누구나 아침에 집을 나설 때 행복을 찾아 나선다."라고 말이다. 행복이란 곧 웃음을 말한다. 아무리 재물이 많고 권력이 있다고 해도 웃지 못한다면 불행한 신세이다. 기쁨 없는 삶이란 곧 웃음기 없는 삶을 말한다. 사람들은 웃을 일이 없다고 싱겁게 말한다. 그러면 반대로 먼저 웃어보아라. 웃으면 반드시 웃을 일이 생기게 되어있다.

우리가 웃을 때는 웃음소리, 표정과 기분으로 상상을 초월할 만큼 강한 에너지의 진동을 일으킨다고 한다. 웃음이야말로 어떤 것과 비교할 수 없는 좋은 자극을 우리 뇌에게 전달시켜 준다는 것이다. 이처럼 웃음은 창조력을 향상해주고 명료한 정신을 유지하게 하는 역할을 해준다. 즉 웃을 때 나오는 에너지는 세상을 기쁘고 즐겁게 유쾌하게 보이는 일에 힘을 실어주는 셈이다. 우리가 웃으면 웃음과 같은 진동을 가진 좋은 것들이 우리에게 동조함으로써 더 많이 웃을 수 있는 상황들이 생기게 된다. 우리의 속담에 "네가 웃으면 세상 만물도 너와 함께 웃는다."라는 말이 있다. 이것과 관련한 과학실험이 있다. 미국 뉴욕대학교 심리학자들이 실험을 통해 알아낸 바로는, "내가 미소를 지으면 상대방도 미소를 지을 확률이 높고, 반대로 무표정하거나 인상을 찌푸리고 있을 때는 상대방도 그럴 확률이 매우 높다."라고 하였다. 사람이 살아가는 데 즐겁게 살지 않고서는 현명하고 훌륭하게 살았다고 할 수 없다. 결국 유쾌하고 즐거운 삶을 원한다면 웃음은 필수적이어야 한다는 말이다.

살면서 웃을 일만 생긴다면 참 좋을 것이다. 하지만 인생이란 그만큼 호락호락하진 않다. 누구나 어려운 상황을 겪기 마련이다. 그 상황 속에서도 웃음만 잃지 않으면 문제의 해결 실마리를 찾을 수 있다. 웃으면 탁월한 면역력이 생겨 힘을 발휘할 수 있다. 룬크비스트와 딤버그의 『표정은 전염된다』에서 다양한 연령대의 성인들을 조사한 결과, 대부분의 조사 대상자들이 무의식적으로 주변에 있는 사람들의 표정을 모방하고 있다는 사실이 밝혀졌다. 즉 슬픈 표정은 더 큰 슬픔을, 그리고 웃는 얼굴은 미소와 행복을 불러일으킨다는 것이다. 어떤 사람의 미소 짓는 얼굴은 다른 사람들을 행복하게 만들어주고, 다른 사람들의 행복은 다시 그 사람에게 되돌아와 좋은 기분을 선물해 주는 식이다. 이처럼 웃음은 전염력이 강하다.

우리는 어느 곳에서도 웃을 수 있다. 웃을 일이 생기지 않아 문제일 뿐이지, 웃을 수 있는 장소는 얼마든지 널려있다. 그중에 하나가 바로 가정이다. 하지만 모든 가정이 웃음으로 가득한 모습이 되지 못해 안타까울 뿐이다. 이러한 원인으로는 여러 가지가 있을 것이다. 모든 가족들이 한마음 한뜻으로 가정을 위해 노력한다면 별 어려움이 없겠으나 다 그러하지 못하다. 한편 겐 블룸은 미소에 대해 다음과 같이 얘기하고 있다.

미소는 돈이 안 들지만 많은 것을 만들어낸다.
미소는 주는 사람을 가난하게 하지 않으면서 받는 사람을 부유하게 해준다.
미소는 아주 짧은 순간에 일어나지만, 그 기억은 때로 영원하다.

미소는 가정에서 행복을 만들고, 사업체에서는 호의를 돋우고 친구임을 확인시킨다.

미소는 지친 사람에게는 휴식이고, 낙심한 자에게는 햇빛이고, 슬픈 사람에게는 양지이며, 문제 해결에 대한 최상의 방책이다.

그러나 미소는 살 수도, 구걸할 수도, 빌릴 수도, 훔칠 수도 없다. 왜냐하면 미소는 누군가에게 줄 때에야 비로소 아름다워지는 신비한 것이기 때문이다.

가정의 행복을 원한다면 가족 구성원의 노력이 필요하다. 특히 남편이 가장으로서의 중심을 잡고 아내의 뒷바라지를 해줘야 웃음 넘치는 가정 분위기가 조성될 수 있다. 이렇듯 가족 모두가 다 같이 합심할 때에야 비로소 시너지 효과가 생긴다. 웃음 넘치는 단란한 가정을 꾸려가는 것은 모든 사람들이 바라는 희망 사항이다. 웃음을 만드는 일엔 돈도 들지 않고 큰 힘도 들지 않는다. 그저 가벼운 마음 자세 하나만 있으면 된다. 웃는 것도 하나의 안면 운동이다. 얼굴을 적당히 풀어줘야 웃을 수 있는 상황이 된다. 항시 웃는 사람은 웃는 것이 습관이 돼서 얼굴 근육이 웃는 모습으로 갖춰져 있는 것이다. 하루 밥 세 끼 먹듯이 꾸준한 실천을 하게 되면 어느 순간 자신도 모르게 웃는 얼굴로 밝은 모습을 갖출 수가 있다.

웃음은 행복의 첫 단추다. 웃음은 젊음을 유지해 주고 병을 치유해 준다. 실컷 웃으면 우리의 체내에서는 천연 신경 안정제인 엔돌핀이 다량으로 분비된다고 한다. 엔돌핀은 마음을 가라앉혀 주고 숙면을 취하게 하는 효과가 있다. 그러니까 건강하고 행복해지고 싶거든 웃으면 된다. 일주일 내내 웃음을 안고 사는 법과 가정에서 박장대소하며 웃는 십계명이 있어 잠깐 소개해 본다.

〈일주일 내내 웃으며 사는 법〉
1. 월요일은 월래부터 웃고
2. 화요일은 화가 나도, 화장실에서, 화사하게 웃고
3. 수요일은 수수하게, 수려하게, 수줍게 웃고
4. 목요일은 목숨 걸고, 목 터지게, 목젖이 보이게 웃고
5. 금요일은 금방 웃고, 또 웃고
6. 토요일은 토하도록 웃고, 토실토실 웃고
7. 일요일은 일 없이, 일찍 일어나서, 일부러 웃자

〈박장대소 10계명(가정, 직장 등에서)〉
제1계명 일어나자마자 오늘도, '상쾌하게 하하하하하'
제2계명 세수할 때 거울을 보며, '예쁘게 하하하하하'
제3계명 아침 식사 할 때, '거뜬하게 하하하하하'

제4계명 집을 나설 때, '활기차게 하하하하하'

제5계명 직장에서 만나는 사람과 하이파이브 하면서 '하하하하하'

제6계명 점심 식사할 때, '맛있게 하하하하하'

제7계명 일하면서 아랫배 두들기며 뱃살대소로 '튼튼하게 하하하 하하'

제8계명 퇴근할 때 박장대소로, '보람차게 하하하하하'

제9계명 저녁 운동 시작하며 요절복통으로, '건강하게 하하하하하'

제10계명 잠자기 전 홍소로, '감사하게 하하하하하'

-한광일의 웃음치료법-

튼튼한 가정을 일궈가는
아내의 자아 발전하기

"나 자신의 삶은 물론 다른 사람의 삶을 삶답게 만들기 위해. 끊임없이 정성을 다하고 마음을 다하는 것처럼 아름다운 일은 없다"

－ 톨스토이 －

사람들은 누구나 자신의 미래에 시간을 투자한다. 그리고 언제나 최적의 선택을 하려고 노력한다. 이런 과정에서 잘 되는 사람이 있는가 하면 잘못되어서 어려움 속에 허덕이고 있는 사람들도 있다. 누구든지 간에 실패하고 잘못되고자 하는 사람은 없을 것이다. 그저 운이 따르지 않거나 자기 관리에 미진했을 뿐이다. 이런 상황에서 사람들은 크게 두 부류로 나뉜다. 어려움이 닥치더라도 실패를 경험 삼아 긍정적인 마음을 갖는 사람이 있고, 반면에 현실에 대한 원망만을 퍼부으며 살아가는 사람들도 있다. 이들은 나중에 어떤 결과를 안게 될까. 안 봐도 뻔하다. 일을 하는 데 있어서 사람의 마음자세나 의지는 큰 비중을 차지하고 있다. 무얼 하고자 하는 사람에게는 당해낼 재간이 없다는 말이 있다. 강한 의지를 갖고 덤벼드는 사람에게는 어쩔 도리가 없는 것이다.

누군가를 늘 원망하고 부정적인 생각을 하는 사람은 '나는 왜 이렇게 잘난 거 하나 없이 못났을까?', '왜 남들처럼 뭐 하나 제대로 한 게 없이 바보처럼 살고 있을까?' 등으로 자신을 비하한다. 이러한 태도는 바람직하지 못하다. 그것은 자기 자신을 타락의 길로 내모는 어리석은 짓이다. 또한 우리는 타인에게 웃으며 친절하게 대하면서도 정작 자신을 사랑하는 일에는 서툴다. 우리가 진정으로 행복해지려면 누구보다도 자기 자신에게 잘해줘야 한다. 자신에게도 칭찬을 아끼지 말아야 한다. 예를 들면 "난 이런 모습이 맘에 들고 좋아!", "나에게는 남들이 가질 수 없는 재능이 있어서 근사해!", "지금은 힘든 상황이지만 앞으로 더 잘할 수 있을 거야!" 등 좋은 표현과 위로의 말을 스스로에게 건네야 한다.

나 자신에게 먼저 좋은 사람이 되어라. 타인에게 애써 잘해주려고 애쓰는 노력을 하지 않아도 된다. 나 자신에게 몸에 밴 행동들은 곧 타인을 향한 자세와도 같다. 습관이 되어 그렇다. 허투루 태어나는 사람이란 없다. 사람은 누구나 세상에서 쓰일 자리를 갖고 태어난다. 그런데 사람들은 어리

석게도 그 사명감을 모르고 사는 것 같다. 나 스스로 소중한 가치를 창출할 수 있는 사람이 되어야 한다. 사람의 머릿속에는 온갖 것들이 들어있다. 늘 복잡하게 얽혀있다. 좋은 생각만 해도 끝이 없는데, 대부분은 자신을 망가뜨릴 생각만 하고 있으니 아쉬운 일이다. 이런 고질적인 생각들은 자신을 힘들게 하는 원인이다. 그러니 언제나 올바른 생각, 믿음과 희망에 찬 생각을 습관화할 필요가 있다. 건강한 습관은 평생의 인생길을 닦아주는 역할을 한다. 밝고 건강한 생각은 사람을 바른길로 인도하는 등불과도 같다.

가족 모두가 지혜를 모아야 행복과 가까워질 수 있다. 식구들은 각자에게 주어진 역할에 충실해야 한다. 가정의 중추 역할을 해야 할 아내 역시 자신을 위한 투자에 큰 노력을 기울일 필요가 있다. 아내가 가정의 기반을 잘 닦아놓는다면 안정성 있는 행복은 쉽게 다가올 수 있다. 아내 자신에게 투자하는 것은 아내를 위한 길이기도 하지만, 가족 전체를 위한 길이기도 하다. 또한 아내의 노력하는 모습을 보고 남편과 자녀들은 커다란 위안을 받는다. 아내는 가족들의 바람막이이자 버팀목이다. 그래서 아내는 자신을 위한 시간적, 정신적, 육체적, 물질적인 투자들을 병행해야 한다. 아내가 건강해야 가정도 튼튼한 법이다.

아내는 힘이 강할 때 가정을 제어할 능력을 발휘할 수 있다. 또한 보다 나은 가정의 발전과 행복한 모습을 기약할 수 있다. 아내는 가정의 진정한 행복과 머나먼 미래를 내다보는 넓은 시야를 갖추어야 한다. 이러한 일들은 한순간에 이뤄낼 수 있는 것이 아니다. 오랫동안 인내하고 어려움을 극복해야만 가능한 일이다. 성공의 길로 들어서는 길은 험난하다. 때론 유혹의 손길이 찾아오기도 한다. 하지만 원대한 목표를 달성하고자 하는 의지를 갖고 실천한다면 결코 어려운 일이라고 할 수만은 없다. 해내고야 말겠다는 열정과 애정이 아내에게는 필요하다. 가족들의 뜨거운 환호와 위안을 받으며 무소불위처럼 전진할 때 그 힘은 원대할 것이다.

어떤 어려운 상황에 직면했을 때, 그것에 대처하는 마음가짐이 중요하다. 어려운 상황을 어떻게 받아들이느냐에 따라 상황이 달리 보일 수도 있다. 일이란 게 비록 가벼워 보일지라도 한없이 어렵게 생각하면 끝이 없기 마련이다. 문제의 근본적인 원인을 파악하면 해결의 실마리는 보다 뚜렷해질 것이다. 어려움을 원만하게 처리하려면, 자신의 역량을 높이는 것도 좋은 방법이다. 역량을 높이려면 교육도 받고 기술을 연마해야 한다. 또한 모범적인 가정을 벤치마킹해서 자신의 가정에 도입하는 방법도 생각해 볼 수 있다. 아무런 준비가 되지 않은 상태에서 해결하려면, 무리가 따른다. 자칫하면 나태해질 염려도 있다.

옛말에 집과 여자는 평생을 가꾸어야 한다고 했다. 자기 자신을 진정으로 사랑할 줄 아는 여자는 겉모습은 물론 내면의 아름다움까지 겸비한 사람이다. 이러한 모습은 타인이 아닌 스스로를 기쁘게 해주는 일이다. 자신을 기쁘게 하는 일이 곧 타인의 마음을 사로잡는 일이다. 이처럼 아내도 자신에게 많은 투자를 할 필요가 있다. 하지만 대부분의 아내들이 집안일에 얽매인 나머지 자신만의 시간을 놓치고 산다. 그러니 한 번쯤은 되돌아보고 챙겨봐야 할 일이다. 아내 자신을 튼실하게 키워나간다면, 주변의 일도 잘 풀릴 수 있다. 아내의 행복이 곧 가정의 행복이다. 아내는 자신을 잘 관리해서 떳떳한 가정을 꾸려갈 수 있도록 해야 한다.

랄프 왈도 에머슨은 자신감에 대해서 이렇게 말한 바 있다. "나 자신에 대한 자신감을 잃으면 온 세상이 나의 적이 된다." 가정에서 중요한 역할을 해야만 하는 아내의 심정을 대변하는 말 같기도 하다. 좋은 아내가 갖춰야 할 자세는 무엇일까. 그건 바로 자신감이다. 자신감 있는 아내는 남편이 잘되게끔 기를 북돋워 준다. 자녀들에게도 늘 자신감을 준다. 남편과 자식들은 이 모습에 힘입어 모든 일에 최선을 다할 것이다. 꿈과 희망을 고취시키는 원동력은 무엇보다 자신감에서 나온다. 가정에 밝고 활기찬 분위기를 조성해 주는 아내가 있다면 가족들은 보다 성장할 수 있다. 아내의 자신감 있는 말 한마디가 남편과 자식들에게는 큰 에너지가 된다.

사회를 다스리는 계층은 대다수가 남성이다. 하지만 그런 남자를 지배하는 자는 여성이다. 마찬가지로 아내가 자기 자신만 잘 관리하며 살아도 남편이나 가족은 물론, 가정의 평화는 잘 유지될 수 있다. 가족들도 가정의 평화를 향해 노력을 기울일 것이다. 행복한 가정을 만들기 위해선 아내가 자신 스스로에게 잘해야 한다. 아내 자신에게 늘 사랑을 베풀고 위로하며 칭찬하는 습관을 길러야 한다. 또한 삶의 만족도를 높이는 노력을 꾸준히 해야 할 것이다. 항시 웃는 얼굴로 주변을 보다 밝고 환한 분위기로 만들어야 한다. 뿐만 아니라 매사에 긍정적인 마인드로 자신을 진정 아끼고 소중하게 보살펴야 한다. 그런 노력이 절대적으로 필요하다. 마더 테레사는 『모든 것은 기도에서 시작됩니다』에서 이렇게 말했다. "멀리 있는 사람들을 사랑하는 것은 오히려 쉽습니다. 그러나 우리에게 가까이 있는 사람들을 항상 사랑하기란 쉽지 않습니다. (…중략…) 여러분의 가정에서 가져오십

시오. 이곳이야말로 우리 서로를 위한 사랑이 시작되는 장소이니까요."

나폴레온 힐의 저서, 『나의 꿈 나의 인생』에서 제시한 「자신감을 기르는 다섯 가지 법칙」을 소개하고자 한다. 이를 암기하여 매일 소리 내어 말하고 실천하는 자기 훈련을 해보길 바란다.

첫째, 나에게는 훌륭한 인생을 구축할 능력이 있다.

둘째, 내가 강렬하게 소망하는 것은 언젠가는 반드시 실현될 것이다.

셋째, 나는 자기 암시의 위대한 힘을 믿는다.

넷째, 인생의 목표를 명확하게 종이에 써서 한 걸음 한 걸음 자신 있게 전진한다.

다섯째, 나는 진리와 정의에 따라 행동하지 않고는 어떠한 성공도 오래가지 않는다는 사실을 알고 있다. 그래서 이기적인 목표는 세우지 않겠다.

가정의 행복 브랜드 만들어가기

"우리를 행복하게 만드는 것은 우리를 둘러싼 환경이나 조건이 아니라, 늘 긍정적으로 세상을 바라보며 아주 작은 것에서부터 행복을 찾아내는 우리 자신의 생각이다."

– 에이브러햄 링컨 –

오늘날의 사회 분위기는 과거와 달라졌다. 성과주의의 분위기에서 일상 속의 작은 행복을 중시하는 분위기로 바뀌어가고 있다. 좋은 현상이다. 과거에는 일에 지나치게 몰두한 나머지 모든 것을 잃어버리기도 했다. 그러나 이제는 인간성 회복을 향해 나아가고 있다. 물질만능주의에서 점차 정신적인 여유를 추구하는 분위기로 바뀌어가고 있다.

이런 가운데 가정의 고유한 행복 브랜드를 만들려는 움직임이 보인다. 행복 브랜드에 대한 특허청의 출원 현황에 따르면, 2013년 이전에는 14건에 불과한 것이 2017년 181건으로 이어졌다. 2018년 9월엔 130건으로 증가했다. 이러한 통계자료는 행복지수에 관한 사람들의 관심도가 높아졌다는 사실을 시사한다.

살아가는 모습은 저마다 다르다. 자신과 남을 끊임없이 비교하며 살아가는 사람도 있다. 그런 사람은 자신이 아닌 남의 인생을 대신 살아주는 격이다. 진정한 자신의 삶을 살아가기 위해선 자신의 가정에 깊은 관심을 가져야 한다. 가정의 화목한 분위기를 만들어야 한다. 가정의 행복은 누구 한 사람만의 책임도 아니다. 모두가 한마음으로 갈고닦아야 할 문제다. 부부가 합심 노력하면 얼마든지 떳떳하고 자랑스러운 가정을 일궈나갈 수가 있다. 부부가 중심이 되어 잘 이끌어간다면 자녀들은 당연히 따라오게 되어있다. 좋은 방향으로 함께 나아갈 수 있다. 남의 것이 아닌 우리 가정의 인생을 아름답게 잘 가꾸어나가야 한다.

우리는 과연 진정한 자기 자신의 삶을 살고 있는가. 제대로 노력조차 하지 않은 채 그저 남의 삶을 부러워하며 시기 질투하고 있지는 않은가. 남과 비교하는 습성에서 벗어나지 못하고 불평만 키워가고 있지는 않은가. 스스로를 되돌아볼 필요가 있다. 남과 비교하는 습관으로 인해 괴로움을 겪는 사람은 그 누구도 아닌 자기 자신이다. 나보다 못한 사람과 비교하면 뿌듯한 마음이 들고, 반대로 나보다 나은 사람과 비교하면 자신의 삶이 초라하고 보잘것없게 보이니 말이다. 이것은 주로 자존감이 낮은 사람들에게서 보이는 모습이다. 이렇게 타인과 자신을 비교하면서 살다간 자신감도 점차 낮아질 것이다. 바람직하지 않다. 그러니 부족하면 부족한 대로 살자. 현재 내게 주어진 현실을 받아들이자. 일상의 소소한 것들을 감사히 여기며 살아야 한다. 자기다운 삶을 사는 것이 곧 행복을 찾는 길이 된다.

자일스 브랜드리스는 자신의 저서 『인생은 불친절하지만 나는 행복하겠다』에서 행복의 7가지 비밀을 다음과 같이 소개하고 있다.

1. 열정을 키워라

즐겁게 할 수 있는 일을 찾아야 한다. 즐거운 일이면서 동시에 세상이 우리를 버려도 끝까지 지탱해 줄 수 있는 일이어야 한다. 또한 어떤 상황에서도 집중하고 기쁨을 느낄 수 있는 일을 찾아야 한다. 열정 없는 삶이란 의미가 없다.

2. 나무에 매달린 나뭇잎이 되어라

나뭇잎처럼 서로 의존하면서 함께 성장하고 발전해야 한다. 사회의 구성원이 되면 다른 사람을 통해서 사람이 된다. 이런 현상은 가정에서도 마찬가지가 될 것이다. 가족 구성원이 일심동체 해야 행복에 다다를 수 있다. 가족 구성원들이 각자의 역할에 충실해야 하는 건 말할 필요도 없다.

3. 거울을 깨라

가정이 올바르게 성장하려면 어떻게 해야 할까. 누구 한 사람이라도 자아도취에 빠져선 안 된다. 그렇게 되면 자칫 자기중심적으로 흐르기가 쉽다. 자기중심성이 곧 이기주의를 낳는다. 즉 거울을 깨고 자기 중심적인 사고를 버릴 필요가 있다. 가정도 하나의 공동체다. 한 뜻을 이루는 모습을 갖춰야 한다. 결국 자신 속에 담긴 수많은 나를 버려야 한다. 그래야만 참다운 가정이 될 것이다.

4. 변화에 저항하지 말라

세상을 살아가려면 변화는 무엇보다 필요하다. 변화는 성과를 이뤄내고 새로운 것을 만들어주는 계기가 된다. 변화를 두려워하는 사람은 행복도 만들어내기 힘들다. 거창한 변화를 말하는 것이 아니다. 일상에 자극이 될 정도만큼의 작은 변화, 그 변화가 곧 행복으로 가는 길이다. 행복한 사람들은 가만히 있지 않다. 늘 뭔가를 찾고자 하는 노력이 몸에 배어 있다. 현재에 안주하지 않고 늘 자기갱신을 향해 앞으로 나아가는 자들이다. 행복을 삶과 어떤 식으로든 결부시켜서 좋은 일들을 창출해 내고자 노력한다. 변화에 저항하지 말고 변화의 손을 잡고 함께 동행하는 모습으로 나아갈 필요가 있다.

5. 행복을 점검하라

우리는 가정의 행복을 위해 얼마나 많은 시간을 투자하고 있을까? 이 질문에 대한 대답이 궁하다면, 현재 상황을 바꿔볼 필요가 있다. 이에 대해서는 현실적인 제약이 따라 어려움이 있을 수도 있다. 하지만 가정의 행복을 원한다면 재고해 보는 것이 현명한 판단이 될 것이다. 명확한 분석을 통해 평가해 보고 더 나은 미래의 전망을 밝게 펼쳐보는 노력을 해야 한다.

6. 순간을 살라

과거가 아닌, 미래가 아닌 현재 이 순간을 살아가야 한다. 매 순간에 충실해야 한다. 순간을 살라는 것은 집중해서 정신을 똑바로 차리고 살라는 의미와 일맥상통한 말이다. 가정의 행복을 꿈꾼다면 가족들이 하는 일에 집중해서 관심을 가져야 한다. 바쁘다는 핑계로 숨지 말고 도와줄 일들을 미루지 말아야 한다. 지금 이 순간 의식을 몰입해서 현재에 집중하되, 보다 즐기는 자세로 머물러 있어야 한다.

7. 행복해지고 싶다면 행복하세요

삶은 내가 마음먹은 대로 흘러가지 않는다. 하지만 그렇다고 해서

지레 포기하기엔 이르다. 내가 평소 이루고 싶었던 목록들을 적어두고 그것을 하나씩 실천하는 일을 해보면 어떨까. 실천하고 안 하고의 차이는 실로 크다.

가정의 행복을 바라는가. 그렇다면 마음속에 늘 행복을 담아두자. 행복한 얼굴로 그들을 맞이할 필요가 있다. 사람들을 대하는 태도나 사고방식도 낙관론자처럼 완전히 바꿔야 한다. 스스로가 행복한 사람이라는 자기 인식이 필요하다. 자기 주문의 효과는 생각보다 크다.

최효섭 아동작가의 글 「행복한 가정을 위한 일곱 가지 사항」을 다음과 같이 소개한다. 마음에 새기며 실천해 보는 것은 어떨까.

첫째, 결혼 후에는 한쪽 눈을 감아라. 상대의 장점만을 보라는 뜻이다.

둘째, 비밀은 없어야 한다. 숨기고 있는 것이 있으면 아직 성숙한 사랑이 아니다.

셋째, 절대 비교하지 말라. 자기 친구와도, 교우와도, 막연히 아는 사람과도 남편이나 아내를 누구와도 비교하지 말라.

넷째, 해가 지도록 분을 품지 말라. 운동 경기도 중간 휴식이 있다. 특히 가정생활에 잠깐 멈춤의 숨 쉬고 돌이킬 수 있는 시간이 필요하다.

다섯째, 스스로의 마음을 다스릴 수 있는 수양이 필요하다.

여섯째, 가정은 나의 행복을 추구하는 곳이 아니라, 모두의 행복을 추구하는 곳이어야 한다.

일곱째, 기왕이면 부드러운 말로, 기왕이면 격려될 수 있는 말을 사용하는 것이 습관이 되었으면 한다. 행복한 가정이 천국, 싸우는 가정은 지옥이다.

가운뎃손가락 하이파이브
부부 행복을 위한 Tip 3

– 아내의 역할이 필요한 이들에게 –

① 가정의 중추적인 역할은 아내의 손길에 달려있다. 아내가 자신의 역할을 다하기 위해선 남편과 자녀들의 후원이 절대적으로 필요하다. 남편은 아내가 자신의 역량을 잘 키워갈 수 있도록 정성을 다해 뒷바라지해야 한다.

② 세월이 흐르면 부부관계는 소원해지는 경향이 있다. 결혼할 때의 초심을 잃지 않기 위한 노력이 필요하다. 서로를 향한 사랑이 무르익어 갈 수 있도록 해야 한다. 그러기 위해선 서로를 대하는 마음의 정이 깊어야 한다.

③ 대부분의 가정에서 아내는 자존심이 많이 뭉개져 있다. 하지만 자존심이 뭉개진 상태로는 자신의 역할에 충실할 수 없다. 가정의 화목을 도모하기 위해서는 아내의 자존심이 건강해야 한다. 남편은 아내에게 위로와 격려를 통해 적극적인 힘을 북돋아 줘야 한다.

④ 아내의 현명하지 못한 행동으로 가정이 파탄 나는 경우가 있다. 아내의 순간적인 잘못이나 실수 등으로 인한 타격은 크다. 부모의 잘못이 자녀들에게도 영향을 미치니 말이다. 가정을 올바르게 선도하기 위해선 아내의 역할이 중요하다. 남편은 아내의 지혜로움을 중요하게 생각해야 한다.

⑤ 식구들은 서로에게 다정다감하면서 단란한 분위기가 되어야 한다. 그늘이 드리운 가정이 의외로 많다. 가정의 화목은 한 사람만의 책임이 아니다. 모두의 책임이다. 웃음이 넘치는 따스한 가정이 되도록 다 같이 노력하여야 한다.

⑥ 가정에서 아내의 역할은 막중하다. 아내가 가정에서 제 역할을 다하려면, 아내 스스로 자신에게 많은 투자를 해서 역량을 키워가야 한다. 따라서 아내가 하고자 하는 부분에 힘을 실어줘야 한다.

⑦ 자신에게 주어진 인생을 남과 비교하면서 살아선 안 된다. 타인과 나 자신을 비교하다가 결국 자신의 삶을 망가뜨리는 사례가 많다. 이런 불행이 개인이 속한 가정으로 번져 결국 파탄에 이르고 만다. 진정한 행복의 길을 위한다면 자신의 고유한 행복 브랜드를 찾아서 실천해야 한다.

4장

약지손가락 : 관계성
아내의 행복은 남편 하기 나름이다

"처자식을 위할 줄 모르는 남편은
집에서 숫사자를 키우며
불행의 보금자리를 꾸미는 것과 같다."

-제레미 테일러-

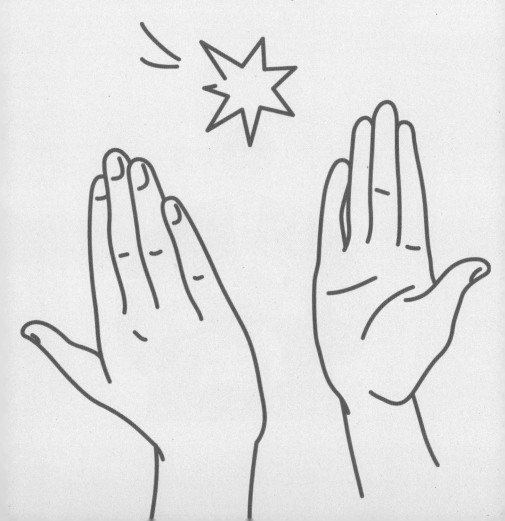

아내에게 잘해줘야 하는 이유 깨닫기

"나이가 들어도 사랑은 막을 수가 없다. 하지만 사랑은 노화를 어느 정도 막을 수 있다."

– 잔느 모로 –

아내가 행복해야 가정이 행복하다. 그만큼 아내의 역할이 가정에서 차지하는 비중이 크다는 얘기다. 아내는 언제나 바쁘다. 1인 4역(아내, 어머니, 며느리, 맞벌이 부부)을 해내야 한다. 그러니 아내가 가정을 잘 돌보려면 아내를 향한 남편의 뒷바라지가 필수다. 내부분의 않은 남편은 아내의 존재를 당연시한다. 아내가 해주는 밥이며 청소 같은 것들을 당연하게 여긴다. 그래서 자신도 모르게 그만 아내를 소홀히 여기고 만다. 그런 남편이 있다면 그는 바뀔 필요가 있다. 가정에서 아내의 역할이 얼마나 큰지 생각하며 살아야 한다. 그리고 늘 관심 있게 지켜봐야 한다.

인터넷에 떠돌고 있는 글 중에, 아내에 관한 좋은 글이 있어 이곳에 소개해 본다.

아내란 바가지를 긁으면서,

그 바가지로 가족을 위해 밥을 해주는 사람

아내란 아이들을 혼내고,

뒤돌아 아이들보다 더 많은 눈물을 흘리는 사람

아내란 친정엔 남편의 편이 되어,

모든 물건 훔쳐다가 남편을 위한 남편의 편인 사람

아내란 사랑을 주면 줄수록,

얼굴이 수줍어지고 예뻐지는 사람

아내란 살이 찌고 뚱뚱해도,

엄마라는 이름으로 아름다운 사람

아내란 남편이 저세상 가는 길에도,

끝까지 홀로 남아 못다 한 정 아파하며 울어주는 사람

아내란 가족이 먹다 남은 밥을 먹으면서도,

행복해하는 사람

아내란 드라마 보다가 화병이 나도,

남편과 아이들 잘못은 금세 잊어버리는 사람

아내란 당장 잃어버린 천 원에 안절부절해도,

남편과 자식을 위해 아낌없이 희생하는 사람

아내란 밥 한 끼보다

"수고했네, 사랑해" 한마디로 더 행복을 느끼는 사람

아내란 이 세상에서 가장 의리 있고 착하며,

늙어서까지도 남편에게만큼은 여자이고 싶은 소녀 같은 친구

아내란 때로는 엄마로, 며느리로, 맞벌이주부로, 아내로

1인 4역을 끄떡없이 해내고 있는 무한한 에너지의 소유자.

아내가 이런 다역(多役)을 맡는 일에도 한계가 있다. 시간이 흐르면 누구나 늙어가기 마련이다. 아내 역시 서서히 노년기에 접어들면서 나약해진다. 한땐 만능이었던 아내는 노년기에 접어들면서 무력감을 느낀다. 이런 아내에게 힘을 실어줄 수 있는 사람은 오직 남편뿐이다. 어느 날 남편이 다가와 고맙고 사랑한다는 따뜻한 말 한마디라도 걸어준다면, 아내는 더할 나위 없이 좋을 것이다. 아내는 늘 남편의 곁을 지키고 있다. 우리는 이런 소중한 사람을 평생토록 아끼며 사랑해야 하는 남편이 되어야 하지 않을까? 그동안 나 자신만을 위해 살아왔는가? 그런 지난날이 후회스럽다면 지금부터라도 달라져야 한다. 이젠 나 자신은 잠시 내려두고 아내를 위해 살아가 보자. 남편들은 아내의 모습을 되새기면서 곰곰이 생각할 시간을 가질 필요가 있다. 그동안 살면서 아내에게 잘해준 것보다는 못 해준 게 더 많아 후회스러울 것이다. 더 이상 후회하는 일이 없도록 하자. 아내의 생각과 행동 하나하나를 챙겨보는 슬기로움을 기르자.

남편이 아내에게 자꾸만 져주니까, 어느 날 아내가 남편한테 물었다. "여보 내가 잘못한 걸 뻔히 알면서 왜 자꾸 나한테 져줍니까?" 그러자 남편은 대답했다. "당신은 내 사람이오. 내가 당신과 싸워 이겨서 뭐 하겠소? 내가 당신과 싸워 이기면 당신을 잃는 것이고, 당신을 잃으면 내가 진 것이나 다름없지 않소." 맞는 말이다. 아내와 싸워 이기면 사람을 잃을 뿐만 아니라, 자기 자신도 잃게 되는 셈이다. 평상시 아내가 요구하는 것은 다양하고 많다. 그런데 요구하는 내용 중에는, 아내가 마음속에 담고 있는 게 있어 남편들은 그 의미를 헤아려볼 줄 알아야 한다. 인터넷에 떠도는 좋은 글이 있어 여기에 소개해 본다.

　　아내들은 남편이 출장 갔을 때 선물을 요구한다.
　　그것은 남편의 그리움을 요구하는 것이다.
　　아내들은 생일날이면 선물을 요구한다.
　　그것은 남편의 마음을 요구하는 것이다.

　　아내들은 날마다 껴안고자 함을 요구한다.
　　그것은 남편의 따스함을 요구하는 것이다.
　　아내들이 남편과 싸우려고 하는 것은,
　　남편의 포옹을 요구하는 것이다. (…중략…)

남편들은 아내와 살다가 사랑이 좀 시든다 싶으면 한번 곰곰이 따져볼 필요가 있다. 저 사람은 나의 어떤 점을 좋아할까? 나는 아내의 어떤 점이 좋은가? 이것을 잘 파악하여 아내의 좋은 점은 사랑해야 한다. 아내가 좋아하도록 자신을 가꿔나가야 한다. 나이가 들어 자신의 삶을 공감하는 사람은 부부밖에 없다는 사실을 깨달아야 한다. 그래서 남편은 아내의 자존심을 상하지 않도록 격려해 주고 인정할 것은 인정해야 한다. 넓은 생각으로 받아줘야 한다.

『아름다운 삶, 사랑 그리고 마무리』란 책에서 스콧 니어링이 헬렌 니어링에게 이렇게 말한다. "당신과 함께 있어서 좋았소. 여보, 당신은 매우 훌륭한 동료였소. 정말 만족스러운 삶이었소. 이보다 더 나을 수는 없을 거요. 좋고, 또 좋았소. 당신과 함께 있어서 좋았소." 남편이 하는 말 한마디가 아내의 마음을 넉넉하고 편하게 해준다. 그러나 남편들은 아내 앞에서 사랑하고 좋다는 표현을 용기가 없어서 잘하지 못한다. 그래서 사람은 늘 후회 속에 사는 동물인지도 모른다. 그 나이 때는 모르다가 세월이 흘러서야 뒤늦게 깨닫는 일이 너무도 많다. 나중에서야 "그땐 너무 몰랐구나." 하는 후회가 든다. 그 순간 반성하는 마음이야 크지만, 아내에게 실망을 안긴 것들이 후회로 남게 된다. 부부간에는 서로의 공통점은 나누고 나쁜 점은 모른 척하고 덮어주는 게 좋다. 그 나쁜 점의 기준이 패가망신하는 일이 아니면 덮어주는 것이 나을 수 있기 때문이다. 즉 서로 간의 공통점은 나누면서 즐기고, 차이점은 서로 인정하고 존중하면서 살아야 한다. 결혼의 낭만을 꿈꾸는 사람은 낭만을 잃는다. 반면 낭만 따위는 잊고 서로 좋은 동반자가 되기 위해 노력하는 사람들은 낭만적인 부부가 된다. 동반자의 길이 멀고 험할지라도 서로 이해하고 너그러이 받아주는 관계라면 백년해로는 무난할 것이라고 생각한다.

하수영 가수의 노래, '아내에게 바치는 노래'의 가사가 좋다. 아내를 생각하는 마음으로 그 가사를 옮겨본다. 음악을 들어 음미하면서 들어보는 것도 좋을 듯하다. 부를 수 있는 노래라면 이 기회에 한번 불러보는 것도 괜찮을 듯하다.

〈아내에게 바치는 노래〉

(1절) 젖은 손이 애처로워 살며시 잡아본 순간
거칠어진 손마디가 너무나도 안타까웠소.
시린 손끝에 뜨거운 정성 고이 접어 다져온 이 행복,
여민 옷깃에 스미는 바람 땀방울로 씻어온 나날들…

나는 다시 태어나도 당신만을 사랑하리라.

(2절) 미운 투정 고운 투정 말없이 웃어넘기고
거울처럼 마주 보며 살아온 꿈같은 세월.
가는 세월에 고운 얼굴은 잔주름이 하나 둘 늘어도,
내가 아니면 누가 살피랴 나 하나만을 믿어온 당신을…
나는 다시 태어나도 당신만을 사랑하리라.

초심을 잃지 않는 남편 되기

"초심을 잃지 말라는 간단한 원칙만 끝까지 붙잡고 지켜나간다면, 순탄한 결혼 생활을 이어갈 수 있다."

– 팀 라이터 –

결혼식에서 주례사가 물었다. "검은 머리가 파뿌리가 될 때까지 아무리 어려운 일이 있거나, 어떤 고난이 있더라도 서로 아끼고 사랑하며 서로 도우며 살겠느냐?" 이렇게 물었을 때, 신랑 신부는 "예!" 하고 대답한다. 이렇게 서로 사랑하는 마음으로 결혼해서 평생 가야 할 텐데, 몇 년을 못가고 이혼하는 경우가 갈수록 늘어나는 추세다. 처음엔 서로 원해서 결혼해 놓고, 그 이후에야 후회한다. "아이쿠! 괜히 결혼했다. 이럴 줄 알았으면 안 하는 게 나았을 텐데…." 하고 말이다. 이혼율이 갈수록 증가하는 현상을 두고 성철스님은 이렇게 말했다. "부부가 결혼해서 서로 덕을 보려는 심보 때문에 그렇다. 서로 실망을 해서 그렇다." 이 말 뒤에 이렇게 덧붙이는 것도 잊지 않았다. "부부가 서로에게 덕 본다는 생각을 버리고 서로가 서로에게 덕이 되는 마음이 앞서야 한다."

　누구나 어떤 일을 처음 시작할 때는 정말 간절한 마음으로 한다. 하지만 주변의 상황이 따라주지 않으면 희망의 불씨는 점차 작아져 끝내 부정적인 생각들만 쌓이게 된다. 가고자 하는 길이 막혔다면 원점으로 돌아가야 한다. 미로에서 헤매느라 실마리를 찾지 못할 때는 초심으로 돌아가야 한다. 그 편이 해결책을 찾는 지름길이 될 수도 있다. 초심과 관련한 사자성어 중에 그런 말이 있다. '초심불망(初心不忘)', '초지일관(初志一貫)'이란 표현이다. '초심불망(初心不忘)'이란, 처음 가졌던 마음가짐을 새롭게 다잡고 잊지 말아야 한다는 뜻이다. '초지일관(初志一貫)'이란 처음에 세운 뜻을 이루려면 한결같이 밀고 나가야 한다는 말이다. 초심에 대해서 누군가가 "초심은 겸손한 마음이고, 초심은 배우는 마음이며, 초심은 순수한 마음이다."라고 하였다. 초심만 끝까지 지킨다면 되지 않을 일은 별로 없다. 어떻게 보면 초심자로 살아가는 것이 어려운 길일 수도 있다. 하지만 한편으론 가장 현명한 삶의 방법이 아닌가 하는 생각도 든다.

　누군가는 부부 사이를 두고 "마치 정원과도 같다."라고 표현했다. 애정을 갖고 정성스럽게 보살피면 피어나고, 방치하고 소홀하면 시들어버린다는 의미다. 부부란 서로를 보살펴야 한다. 그래야만 시들지 않는 꽃이 될 수 있다. 대부분의 사람들이 신혼 때는, 서로의 잘잘못을 너그러이 받아넘기고 문제 삼지 않는다. 그러나 시간이 흐를수록 상대방에게 불만을 갖게 된다. "왜 저 사람은 내가 원하는 대로 하지 않을까?"부터 시작해서 결국 감정의 골이 깊어지고 만다. 현명한 부부는 서로 조금씩 맞춰가는 슬기를 터득할 것이다. 하지만 그렇지 못한 경우는 갈등을 극복하지 못하고 어깃장을 부린다. 상황이 계속될 경우, 파국으로 치닫고 만다. 부부가 서로의 다름을 인정하고 받아들인다면 어렵지 않다. 하지만 상대방은 틀리고, 자신이 정답이라고 우긴다면 힘든 상황으로 치닫고 만다.

대부분의 사람들은 결혼할 상대를 고를 때 여러 조건을 따진다. 상대방이 돈은 많은지, 집은 있는지, 어느 직장에 다니는지, 학벌은 어떤지 말이다. 평생을 함께할 반려자를 선택하는데 따지지 않을 사람이 과연 어디 있겠는가. 법륜 스님은 결혼의 조건을 다음과 같이 크게 두 가지로 집약해서 말한 바 있다.

첫째, 육체적으로 스무 살이 넘은 성인이 되어야 한다.

둘째, 정신적으로 독립된 존재가 될 수 있느냐이다.

즉 배우자에게 맞추어 자기 권리의 절반을 포기할 각오가 되어 있는가, 하는 문제다. 서로 체질도 다르고, 생각도 다르고, 살아온 방식도 다른 두 사람이 한 집에서 행복하게 살려면 자기 권리의 절반을 포기할 자세가 되어있어야 한다.

서로에게 도움이 된다는 것은 무엇을 말하는가. 그것은 상대가 원하는 것을 해준다는 의미다. 결혼하면 남녀 각자에게 아내 또는 남편이라는 이름이 생긴다. 그러니 그 이름에 맞는 역할을 해야 한다. 아내의 필요에 따라 잘 쓰이는 게 남편이고, 남편의 필요에 따라 잘 쓰이는 게 아내이다. 서로에게 맞춰가는 것이 바람직한 부부 모습이다. 초심을 잃지 않고 살아가려면, 서로에게 맞춰줄 수 있고, 도움을 줄 수 있는 사람이어야 한다. 부부간의 갈등을 키워 어렵게 만들 것인가, 아니면 서로에게 의지가 되는 존재로서 평화롭게 살 것인가는 오직 두 사람에게 달렸다. 사람이 기쁨을 느낄 때는 크게 두 가지다. 하나는 자기가 원하는 일을 할 때이고, 또 하나는 남에게 도움을 줄 때이다. 이는 자신과 상대방 모두에게 이익이 된다.

우리는 어떤 삶이라 할지라도, 행복해질 권리가 있다. 스스로 행복을 선택할 수가 있다. 우리의 행복과 불행은 오로지 자신의 손에 달려있다. 행복에 대해서는 자기 외의 어느 누구도 책임질 사람이 없다. 결국 인생의 주인은 나 자신이라는 말이다. 부부 역시 마찬가지다. 부부관계라고 해서 상대방에게 전적으로 의지해선 안 된다. 자신의 몫은 다 해야 한다. 상대방에게 지나치게 의존할 경우 서로 힘들어질 수가 있다. 각자에게 주어진 몫을 충실히 해내야만 초심을 잃지 않을 수 있다.

　　부처님께서는 행복과 불행에 대해 이렇게 말씀하셨다.

행복도 내가 만드는 것이네.

불행도 내가 만드는 것이네.

진실로 그 행복과 불행, 다른 사람이 만드는 것이 아니네.

가장으로서 가정의 분위기를 쇄신하기

"가장(남편)이 확실하게 지배하는 가정에는 다른 데서 찾아볼 수 없는 평화가 깃든다."

- 괴테 -

행복한 가정을 이루고자 하는 것은 모든 사람들의 소망이다. 그러나 마음만 먹는다고 해서 행복이 찾아오진 않는다. 또한 행복은 저절로 이뤄지는 것이 아닌 스스로 만들어가야 하는 일이다. 행복이란 그만큼의 수고와 희생이 따라야 가능한 일이다.

이 세상에서 가장 아름다운 선물은 가족이라고 했다. 행복한 가정을 이루기 위해선 모두가 노력해야 한다. 행복한 가정을 이루기 위해선 남편의 역할이 아주 중요하다. 남편은 가정을 위한 희생과 봉사 역할을 해야 한다. 아내에 대한 지극한 사랑과 인격적인 대우, 관심을 가져줘야 한다. 뿐만 아니라 아버지로서 자녀들에게 모범이 되어야 하고, 밥상머리 교육처럼 인성적인 훈련도 맡아서 해야 한다. 그렇다고 마냥 집 안에서 있을 순 없다. 경제적인 활동을 위해 직장을 다니거나 돈벌이 일을 병행하지 않으면 안 된다. 경쟁 사회에서 도태될 수도 없기에 밤낮 할 것 없이 최선을 다하는 것. 그것이 바로 가장의 길이다.

요즘은 부부의 전통적인 역할 모델도 바뀌었다. 부부들의 생활 패턴에서 그런 점을 찾아볼 수 있다. 특히 젊은 맞벌이 부부가 그렇다. "집안일은 아내가 담당하고, 남편은 도와준다."라는 고정관념이 무너지고 있다. 과거와는 달라졌다. 오늘날의 미혼 여성들이 가장 선호하는 바람직한 배우자 감은 바로 집안일 잘하는 남편이다. 집안일 잘하는 남편, 요리하는 남편, 가계부 쓰는 남편, 애교 떠는 남편이야말로 요즘 여성들이 선호하는 남편감이다. 예전에는 아내가 남편의 바가지를 긁었지만, 이제는 남편이 아내의 바가지를 긁기도 한다. 이처럼 생활 풍속도가 바뀌고 있다. 중앙대 김정희 교수는 말했다. "맞벌이 부부의 증가와 가부장적 질서의 약화로 인한 자연스럽고 긍정적인 변화."라고 말이다. "저출산으로 딸만 키우는 가정도 늘고 여성들도 같이 돈 버는 세상이 됐는데, 과거처럼 집에서 손 하나 까딱하지 않는 남자는 결혼 시장에서 선택되지 않을 것."이라고. "아직 변하지 않은 남자들도 이런 변화를 수용해야 할 때가 올 것."이라고 말이다. 아울러 강학중 가정경영연구소장도 "사회 내에서 남자와 여자의 역할에 변화가 오면서, 전통적인 관념이 무너질 수밖에 없다."라고 하였다.

가정에서 남편의 역할은 크게 두 가지다. 첫째, 아내와 원만한 부부 관계의 기초를 다지는 것. 둘째, 자식들에게 사랑으로 대하면서 행복한 가정을 이루는 것. 그러므로 남편들은 적극적인 노력을 해야 한다. 이와 관련한 데일 카네기의 글을 옮겨본다.

첫째, 결혼 당시의 초심을 잃지 않는다.

둘째, 결혼기념일과 아내의 생일 등 축복스러운 날을 잊지 말고 축하해 준다.

셋째, 평소 아내의 옷차림과 외모에 관심을 기울이고 그 느낌을 좋게 표현하도록 한다.

넷째, 아내가 만든 음식에 대해 말이나 행동으로 칭찬과 감사함을 표시한다.

다섯째, 모든 일을 아내와 의논하여 결정짓고 습관화하도록 한다.

여섯째, 아내의 마음에 상처를 주는 경솔한 말이나 행동은 삼간다.

일곱째, 가정불화가 있을 경우, 남편은 아내에게 한 걸음 양보한다.

여덟째, 가정의 경제는 아내에게 일임하여 활동의 재량성을 부여
  한다.

아홉째, 아내의 개성과 취미를 존중해서 스스로 키워갈 수 있도록
  한다.

열째, 아내의 좋은 점을 찾아서 알려주고 기쁨을 함께 나누도록
  한다.

　　　　　　　　　 – 데일 카네기, 『카네기 인간관계론』 중에서

이제는 여성 상위 시대다. 오랫동안 남존여비 사상에 젖
어 있던 남편들이 이런 사회 분위기에 적응하기란 쉽지 않
다. 하지만 시대가 변했으니 남자들도 변해야 한다. 아내를
동등한 반려자로 여겨야 한다. 어느 남편은 아내에게 아예
져주고 사는 것이 가장 행복한 길이라고 말한다. 그것이 세
상을 편하게 사는 방법이라고 말한다. 남편은 아내의 자존
심과 기를 죽여선 안 된다. 만일 그랬다간 아내로부터 핀잔
을 듣기 십상이다. 반면에 남편이 남들 앞에서 아내를 두고
"천사 같은 아내를 둬서 난 참 행복한 사람입니다."라고 칭
찬 한마디 한다면, 아내는 순한 양이 될 것이다. 남편은 남
들 앞에서 이유를 불문하고 아내 편이 되어야 한다.

아내는 평생 가정주부 노릇을 해왔다. 그 숱한 시간을 집

안일을 해치우는 데 썼다. 그럼에도 빨래하고 청소하는 일은 그렇게 하기 싫다고 한다. 만일 남편이 집안일을 도와준다면 아내의 기분은 더할 나위 없이 좋을 것이다. 요즘 남편들은 옛날 사람들과 달리 집안일을 많이 도와주고 있는 것이 사실이다. 밥하고, 빨래하고, 청소하는 일 등의 집안일이 그렇게 어려운 일은 아니다. 남편들은 밖에 나가서 공과 같이 놀아야 운동이라고 한다. 하지만 집안일 역시 운동으로 생각하면 운동량을 꽤나 늘릴 수 있는 방법이 많다. 단지 이러한 생각들을 어떻게 접근하고 행동으로 옮기느냐가 관건이다. 오히려 집안에서 하는 운동이야말로 성과가 더 클 수 있다. 남편들은 밖에서 돈만 벌어준다고 그 역할을 다하는 것으로 생각해서는 안 된다. 그건 구시대적인 사고방식이다. 게다가 요즘은 대부분의 부부들이 맞벌이다.

여자들이 남자들에 비해 수다를 즐기는 이유도 신체적 구조 때문이라고 한다. 뉴욕대학의 심리학과 교수인 게리 마컷 교수는 말했다. "남자는 하루 평균 2천 마디의 말을 하는데, 여자는 6천 마디의 말을 한다." 남편들은 원래 말수가 적다. 직장에서도 업무적으로 할 말을 다 해서 집에 오면 더 이상 말할 힘도 없다. 하지만 아내는 대체로 집에서 혼자 시간을 보낸다. 수다라도 떨어야 직성이 풀린다. 직장에서 돌아온 남편은 이런 아내의 심리를 받아들이고 수다를 들어주는 것이 좋다. 아내의 기를 살려야 노년이 편안하다는 생각을 할 필요가 있다. 그리고 남편은 아내에게 칭찬을 아낌없이 해주어야 한다. 잠언 31장에서는 이런 구절이 등장한다. "입을 열면 지혜이고 자상한 가르침이 그 입술에 배어있다."

황창연 신부의 행복 강의를 모은 책 『사는 맛 사는 멋』이란 내용 중에 현명한 남편의 십계명이 등장한다. 해당 구절을 이곳에 옮겨본다.

첫째, 아내에게 져주어라.

둘째, 아내의 편을 들어라.

셋째, 가정에서 살림살이를 도와주어라.

넷째, 아내가 예쁘다고 늘 칭찬해 주어라.

다섯째, 아내가 만들어준 음식은 맛있게 먹어라.

여섯째, 남들 앞에서 아내 흉을 보지 말라.

일곱째, 일주일에 한 번은 아내 대신 요리를 하라.

여덟째, 아내와의 결혼기념일, 생일은 꼭 챙겨라.

아홉째, 아내와 함께 여행을 다녀라.

열째, 아내와 손잡고 성당에 가라.

가족이 기대하는
아버지로서의 품격 갖추기

"아버지 되기는 쉽다. 그러나 아버지답기는 어려운 일이다."

– 세링그레스 –

1970~80년대는 우리나라의 고속 성장기였다. 이 시기엔 가부장적인 아버지가 많았다. 당시엔 서민들의 생활에 여유로움이라곤 찾아볼 수가 없었다. 가족들이 배곯지 않는 것이 최선이었다. 형편이 이러하니 자녀들의 교육에 힘쓸 여유조차 없었다. 부모가 돌볼 겨를이 없다 보니 그 당시 자녀들은 스스로 알아서 성장해야 했다. 학교도 아무나 들어갈 수 있는 곳이 아니었다. 학업성적이 아주 우수한 자녀들만 학교에 진학했다. 운조차 따라주지 않으면 도중에 학교를 그만두기도 했다. 배우지 못한 사람들이 많았다. 배움은 고사하고 당장의 먹고사는 일마저 힘겨운 상황이었으니 아버지 심정은 오죽했으랴. 아버지 역시 가장으로서의 품위를 유지하기가 무척 어려운 시대였다.

그때 당시 아버지들은 워낙 험난한 세월 속에 살았다. 다정하고 온화하기보단 늘 무뚝뚝하고 무서운 인상을 주었다. 이것이 당시 아버지가 남긴 이미지다. 그래서일까. 이제 황혼기에 접어든 아버지들은 외롭고 쓸쓸하게만 보인다. 가족을 위해 평생을 고생하며 살아왔건만, 이제는 가족 누구에게도 환영받지 못하는 외로운 처지가 되고 말았다. 아버지의 입장에선 섭섭한 일이다. 하지만 가족들의 입장에서는 이런 현상이 어쩌면 당연한 건지도 모르겠다. 하지만 아무리 그래도 매몰차게 냉대할 수만은 없다. 혈육을 나눈 부자지간이니 말이다. 아버지가 그때 당시 그런 무뚝뚝하고 근엄한 자세를 유지한 데에는 당신 나름대로의 이유가 있을 것이다. 우리의 전통적인 가정교육은 엄부자모(嚴父慈母)의 교육이었다. 이 말은 곧 '아버지는 엄하게 다스리고 어머니는 자애롭게 감싸주는 교육을 통해 자녀들이 건전한 인격체로 자라난다.'라는 뜻이다. 아버지가 근엄하고 무뚝뚝한 자세를 취했던 이유는 어쩌면 이런 전통적인 분위기에 따르고자 함이 아니었을까.

가정은 사회의 기본 단위이다. 평화로움을 추스를 수 있는 뿌리 역할을 하기도 한다. 따라서 가정은 화목해야 하고 기쁨과 사랑이 충만한 곳이어야 한다. 가정교육은 어머니의 노력만으로 이루어지는 것이 아니다. 한 인격체가 제대로 성장하려면 엄한 다스림과 자애로운 보살핌이 균형을 이뤄야 한다. 결국 아버지의 존재가 필요하다는 뜻이다. 옛말에 "호래자식"이라는 말이 있다. 아버지 없이 어머니 밑에서 자란 자식을 으레 버릇없다는 말로 빗대어 나타내는 표현이다. 편견이 깃든 표현이긴 하나 어찌 되었든 아버지의 교육 기능이 상당한 비중을 차지하고 있음을 암시하는 말이다. 그런데 최근엔 가정에서 아버지의 모습을 보기조차 어렵다는 불평 아닌 불평이 적지 않다. 그만큼 경제가 어렵고 사회가 복잡해짐에 따라 아버지들이 무척 바빠진 것이다. 그렇다고 모든 것을 환경 탓으로만 돌릴 수는 없다. 가장으로서 굳은 결의를 다지고 가정을 보살피는 노력을 보여줘야 한다.

유대민족에 관한 이야기를 해보겠다. 유대인은 거의 2천 년에 가까운 긴 세월 동안 온갖 수난을 겪었다. 그 세월 속에서도 가정교육만큼은 철두철미하게 지켜왔다. 오늘날 유대인은 바람직한 가정교육의 선두에 서있는 민족이다. 비결은 과연 뭘까. 어머니의 헌신과 아버지의 권위가 바로 그 비결이다. 아버지에 의한 가정교육은 우리가 크게 본받아야할 일이다. 아버지는 가장으로서의 역할과 함께 식구들에게 삶의 좌표를 제시해 준다. 아버지가 가훈을 설정하고 자녀들을 교육하는 것은 매우 권장할 만한 일이다. 중요한 것은 아버지가 가정교육에 적극 관여하여 바른 인도자의 역할을 해야 한다는 점이다. 어렸을 적 이웃 어른들에게 예의범절에 대해 귀가 따갑도록 들었던 기억이 난다. 어른들은 인사하는 습관을 늘 강조하곤 했다.

가정의 행복과 더불어 올바른 성장을 이루려면 적극적으로 실천해야 한다. 가정은 우선 화목해야 하며, 기쁨과 사랑이 늘 충만해야 한다. '가화만사성(家和萬事成)'이라는 말이 있다. 이것은 '집안이 화목해야 모든 일이 잘 풀린다.' 라는 뜻으로 가훈으로 널리 쓰이던 말이다. 이처럼 가정이 화목해야 한다. 그래야 만사가 순조롭게 풀릴 수 있다. 요즘은 맞벌이 부부가 많아졌다. 그러니 너 이상 옛날 모습만을 고집할 수 없다. 그러니 지금은 가정의 역사가 변하는 과도기로 보면 될 것 같다. 세대가 완전히 바뀌면 모르겠지만, 그때 보고 배우고 했던 모습들이 잔존해서 일부의 층을 이루고 있기 때문이다. 그렇다고 해서 마냥 바뀌기만을 기다릴 순 없는 노릇이다. 합리적인 생각을 하면서 살아야 한다. 조금씩 더 나은 방향으로 바뀌기를 바라면서 바람직한 가족 관계가 형성되리라 생각한다.

현대의 아버지들은 전통사회의 권위와 위엄 있는 모습, 무뚝뚝한 표정에서 탈피해야 한다. 그건 응당 그래야 할 일이다. 자녀에게 자상하면서도 애정을 표현하고, 가정에 헌신적인 아버지의 이미지를 보여야 한다. 또한 자녀들에게 동료 같은 온정적이고 포용적인 아버지의 이미지로 변화될 수 있도록 노력해야 한다. 가정의 행복은 함께 만들어가는 것이다.

아내의 사소한 부분에 관심 갖는 남편 되기

"남편들이 보통 친구들에게 베푸는 것과 꼭 같은 정도의 예의만을 부인에게 베푼다면, 결혼 생활의 파탄은 훨씬 줄어들 것이다."

– 화브 스타인 –

부부는 평생을 같이해야 할 사이다. 하지만 식구라는 이유만으로 너무 스스럼없이 대해선 안 된다. 그랬다간 자칫 인격적인 예의를 저버리는 우를 범할 수 있기 때문이다. 둘의 사이가 너무 가깝다 보면, 자칫 소홀해질 수 있다. 통상적으로 볼 때 남편은 경제활동을 하고 아내는 가사활동을 한다. 부부의 이런 역할분담은 가정의 행복을 이루기 위해서다. 역할분담이란 곧 서로를 돕는다는 걸 의미한다. 서로를 도와주는 방식에는 여러 가지가 있다. 그중에서 가장 간단하면서도 쉽게 접근할 수 있는 것이 바로 대화다. 즉 따뜻한 말 한마디다. 집안일에 치여있는 부인을 향해 따뜻한 말 한마디 건네보는 것은 어떨까. 부부간의 정감이 더욱 깊어질 것이다. 상대방의 입장이 되어 그 마음을 헤아려야 한다.

이해와 인정을 해주는 것이 좋다. 이런 것들은 부부간에 지켜야 할 최소한의 예(禮)이다. 부부가 지켜야 할 예는, 공자가 얘기한 예(공자는 "예가 아니면 보지도, 듣지도, 말하지도, 행하지도 말라"고 하였다)가 아니라 서로를 받아주는 '인정의 예'이다. 사람이란 상대가 자신의 존재를 인정하려 들지 않을 때 마음이 상하기 쉽다. 하물며 부부지간은 어떻겠는가. 이러한 인정의 예는 매우 중요한 부분으로 간주해야 한다. 그것이 최소한의 예라는 것을 인지해야 한다.

우리는 일상생활 속에서 상대방에게 '고맙다', '수고했다' 등의 표현을 자주 쓰고 듣는다. 하지만 서로에게 인정의 예를 잘 표현하지 못하는 사람들이 있다. 이들은 주위 사람들로부터 그다지 좋은 평을 얻질 못한다. 하물며 아내에게 인정의 예를 소홀히 했을 경우는 어떨까. 그럴 경우엔 언젠가 갈등이 생기고 말 것이다. 상대가 자신의 마음을 알아주길 기다리는 것보다 자신이 먼저 상대에게 다가가야 한다. 논어에 이런 구절이 있다. "남이 나를 알아주지 않는다고 불평하지 말고, 내가 남을 알지 못한다는 것을 기억하라." 인간관계에서 '역지사지(易地思之)'라는 말이 정말 중요하다는 것을 깨달을 때가 있다. 나도 상대를 100% 알아주지 못한다. 상대도 나와 같은 입장일 것이다. 서로가 서로에게 먼저 다가가야 한다. 이런 마음가짐이야말로 배려와 사랑의 시작이다. 그렇다면 우리의 아내들은 무엇을 원할까. 존 그레이의 저서, 『화성에서 온 남자, 금성에서 온 여자』에서 '여자에게 점수 따는 방법 101가지'가 등장한다. 그 방법들 중에 몇 가지만 추려 이곳에 옮겨본다.

1. 집에 돌아오면 우선 아내부터 찾아 가볍게 포옹하라.
2. 아내의 문제를 해결하겠다는 생각은 버리고, 대신 아내의 편에서 이해해 주어라.
3. 꼭 무슨 날이 아니어도 좋다. 때로는 불쑥 꽃다발을 건네 아내를 놀라게 해주어라.
4. 아내의 외모에 대해 찬사를 보내라.
5. 아내가 피곤해 보이면 뭐든 거들어주려고 애쓰라.
6. 아내가 낭신한테 이야기할 때는 온전히 관심을 기울여라.
7. 아내가 피곤해 보이는 날엔 아내 대신 설거지하겠다고 해라.
8. 밖에서 들어오는 길에는, 가게에서 사 올 것이 없냐고 묻고 필히 그것을 사 가지고 와라.
9. 직장에서 집으로 가끔 전화해서 어떻게 지내는지 묻고, 즐거운 일이 있다면 함께 나눠라.
10. 집을 떠나 멀리 가게 되었을 때는, 아내에게 전화를 걸어 무사히 도착했음을 알리고 당신의 전화번호를 알려주어라.

11. 아내와 손을 잡고 걸을 때는, 마지못해 잡는 것처럼 흐느적거리지 말고 손을 꼭 잡아라.

12. 남들 앞에서는 다른 누구보다 아내에게 더 다정하고 상냥하게 대하라.

13. 당신이 지갑 속에 아내의 사진을 지니고 다니며, 이따금 한 번씩 최근 사진으로 바꾸어 넣는다는 것을 아내가 알게 하라.

14. 아내의 결혼기념일이나 생일 같은 특별한 날을 잊지 않도록 메모해 두어라.

15. 처음 만났을 때의 기분으로 아내를 대하라.

16. 여행할 때는 여행 가방을 당신이 책임지고, 자동차 트렁크에 싣는 일도 맡아서 하라.

17. 아내의 요리 솜씨를 칭찬해 주어라.

18. 아내의 이야기를 들을 때는 "아하, 어허, 오, 음" 등의 소리로 간간이 호응을 보여라.

19. 아내가 얼마 전부터 몸이 좋지 않았다면, 요즘 상태가 어떻고 기분이 어떤지 늘 살펴라.

20. 아내가 당신을 위해 무언가를 해주었을 때는 고마움을 말로 표현하라.

아내는 자기 일을 돕는 남편에게 고마움을 표해야 한다. 고마움을 전달함으로써 남편에게 쌓여 있던 불평이나 원망이 누그러질 수 있다. 남편은 아내를 위하는 작은 일을 소홀히 하지 말아야 한다. 아내는 남편이 해주는 사소한 일들을 감지하고 그 호의를 고맙게 여길 줄 알아야 한다. 여기서 아내가 유의할 점은, 남편의 이러한 노력을 당연하게 여겨선 안 된다는 점이다. 당연하게 여기다 보면 자칫 상대방의 소중함을 잊어버리고 만다. 또한 남편이 어떤 일을 소홀히 여긴다면 그것은 아내를 사랑하지 않아서가 아니다. 그게 아니라 남편이 현재 하는 일의 우선순위에서 잠시 밀려났을 뿐이라는 사실을 명심해 두자.

아내를 칭찬하는 남편 되기

"칭찬은 사람과 사람 사이의 소통의 문을 열어주는 가장 훌륭한 역할을 한다."

– 루소 –

누구나 칭찬받는 것을 좋아한다. 그러나 입에 발린 말은 오히려 역효과를 가져올 수도 있다. 그러니 조심해야 한다. 또한 칭찬을 어설프게 하는 것도 성의가 없어 보인다. 좀 더 구체적으로 할 필요가 있다. 이를테면 이런 것이다. 아내가 남편에게 "오늘 저녁 김치찌개 어땠어요?"라고 물으면 남편은 대답한다. "음, 맛있게 먹었어!" 이것은 흔하고 막연한 대답이다. 이렇게 막연하게 대답하기보단 구체적으로 언급하는 것이 좋다. 예를 들면 이런 식이다. "오늘 김치찌개는 일품이었어요! 간도 아주 잘 맞고 돼지고기가 적절히 들어가서 배합이 썩 잘된 것 같아요. 당신의 솜씨는 알아줘야 해!" 이렇게 구체적으로 칭찬한다면 효과는 배가 될 것이다. 여기에 말을 조금 더 보태어 최상의 칭찬으로 다듬는다면

어떨까. "입맛을 내는 데는 당신의 김치찌개가 최고야!" 또
는 "당신의 음식 솜씨에 살맛이 난다니까!" 이런 식으로 얼
마든지 맛깔스런 말을 해줄 수가 있다. 이런 칭찬 한마디가
아내에게 힘을 북돋아 줄 것이다.

사람들은 누군가에게 칭찬을 받을 때, 각자 지니고 있는
모습이나 재능적인 면을 인정받는 것을 선호한다. 예를 들
면 이런 것이다. "새로 들여놓은 찬장이 정말 훌륭하네요!"
라는 표현보다는, "미적 감각이 탁월해서 찬장을 실내 분위
기에 썩 어울리게 고르셨네요!"라고 하면 그 칭찬의 효과는
상당한 호감을 받는다. 또한 칭찬을 할 때, 여러 사람들 앞
에서 그 사람을 칭찬하게 되면 칭찬받는 사람의 기분이 더
욱 좋아진다고 한다. 제3자를 통한 칭찬이 당사자인 아내의
귀에 들어왔을 때, 아내는 더욱 기뻐할 것이다.

어떤 아버지가 학교에서 숙제를 받았다. 아내에게 칭찬할
만한 이유를 몇 가지 적어 오라는 과제였다. 칭찬할 만한 이
유라니. 아내에 대해 그간 쌓인 미움과 불만은 얼마든지 쓸
수 있었다. 하지만 칭찬거리는 별로 없었다. 아무래도 마음
이 내키지 않는다며 아버지는 투덜거렸다. 여기까지만 들어
봐도 집안 분위기가 대충 짐작이 간다. 집안의 아내가 좀 힘

들게 지내겠다는 추측이 든다. 우리는 남을 칭찬하는 일에 인색하다. 예전부터 남편이 아내나 자식 자랑을 하면, 그를 두고 '팔불출'이라며 놀리곤 했다. 원래 '팔불출'이라는 말은 남들 앞에서 아내 자랑이나 자녀 자랑을 지나치게 하는 사람을 비꼬는 말이다. 그러니까 아내나 자녀를 칭찬하기보단 그들을 낮게 평가해서 말하는 것을 하나의 예의이며 겸손이라고 생각한 것이다. 그것이 과거의 전통적인 사고방식이었다. 하지만 이제는 칭찬에 대한 사람들의 인식이 달라졌다. 칭찬은 사람을 살맛 나게 하는 이상한 마력이 있으며 강한 동기부여를 해준다. 뿐만 아니라, 칭찬은 삶의 보람을 느끼게 하고 비타민과 같은 활력소를 안겨준다. 또한 칭찬은 주고받는 두 사람이 친구처럼 하나가 되는 단합력을 길러준다. 칭찬은 자기 자신의 행복은 물론, 상대방의 행복도 기꺼이 만들어주는 기술을 갖고 있다. 오죽했으면 '칭찬은 고래도 춤을 추게 한다.'라는 말이 생겨났을까. 부부 상담가인 가트만 박사는 "부부 사이의 관계를 유지하려면, 긍정적인 말을 부정적인 말보다 다섯 배 정도 더 많이 해야 한다."라고 주장하였다. 비난이나 부정적인 말을 한 번 했다면, 긍정적인 표현은 적어도 다섯 번 이상은 해야 한다는 말이다. 이것이 바로 행복한 결혼 생활을 보장하는 마법의 비율이라고 한다.

심리학 박사인 이민규 씨는 자신의 저서, 『끌리는 사람은 1%가 다르다』에서 감동을 주는 칭찬 방법 7가지를 소개하고 있다.

첫째. 막연하게 하지 말고 구체적으로 칭찬하라. 구체적이고 근거가 확실한 칭찬을 하면 칭찬뿐 아니라 당신에 대한 믿음도 배가 된다.

둘째. 본인도 몰랐던 장점을 찾아 칭찬하라. 그런 칭찬을 받으면 기쁨이 배가 되고 상대는 당신의 탁월한 식견에 감탄하게 된다.

셋째. 칭찬을 공개적으로 하거나 제3자에게 전달하라. 남들 앞에서 듣는 칭찬이나 제3자에게서 전해 들은 칭찬이 기쁨과 자부심을 더해주며 더 오래 지속된다.

넷째. 차별화된 방식으로 칭찬하라. 남다른 내용을 남다른 방식으로 칭찬하면 당신은 특별한 사람으로 기억된다.

다섯째. 결과뿐 아니라 과정을 칭찬하라. 성과에만 초점을 맞추지 않고 노력하는 과정에 초점을 맞춰 칭찬하면 상대는 더욱 분발하게 된다.

여섯째. 예상외의 상황에서 칭찬하라. 질책을 예상했던 상황에서 문제를 지적한 다음 칭찬으로 마무리를 지으면 예상외로 효과가 크다.

일곱째. 다양한 방식을 찾아보라. 때론 말로, 때론 편지로, 때론

문자 메시지로 칭찬을 전달하라. 레퍼토리가 다양하면 그
만큼 멋진 사람으로 각인된다.

그런데 칭찬을 한다고 해서 다 좋은 건 아니다. 칭찬을 할
지라도 요령 있게 해야 효과를 볼 수 있다. 심리학자 에론
슨과 린다는 미네소타 대학에서 다음과 같은 실험을 했다.
여학생 80명을 대상으로 남들이 자신에 대해 이러쿵저러쿵
이야기하는 것을 엿듣게 한 것이다. 자신에 대해 어떤 말을
했느냐에 따라 그 사람에 대한 호감도가 달라지는 실험이었
다. 그들이 과연 뭐라고 했는지 엿들어 보자.

① 첫 번째 사람: 계속 칭찬만 한다.
  ▶ "걔는 지적이야. 말도 잘해. 그리고 인상도 좋아."

② 두 번째 사람: 계속 나쁜 말만 한다.
  ▶ "걔는 지적이지 못하고 말주변도 없어. 피상적이야."

③ 세 번째 사람: 처음에는 부정적인 말로 시작하지만 나중에는
  칭찬하는 말로 마무리한다.
  ▶ "걔는 칠칠맞아. 그래도 지적이고 말주변이 좋아서 괜찮아."

④ 네 번째 사람: 처음에는 칭찬으로 시작하지만 나중에는 비난

으로 끝난다.

▶ "걔는 말주변도 좋고 지적이야. 근데 칠칠맞고 덤벙대지."

이 중에서 가장 호감을 주는 타입은 누구였을까. 그건 바로 세 번째 사람이었다. 상식적으로 생각하면 시종일관 칭찬만 하는 사람을 가장 좋아할 것 같았다. 하지만 실상은 그렇지 않다는 것이다. 그 이유는 첫째, 좋은 말도 자꾸 듣다 보면 식상하다. 칭찬도 반복되면 그 효과가 급격히 줄어든다. 둘째, 칭찬만 반복되면 신빙성이 떨어져 그 사람의 말을 신뢰하지 않게 된다. 셋째, 누굴 만나든 칭찬만 하는 사람에게 듣는 칭찬은 단지 그 사람의 습관에 불과하다고 생각한다.

그렇다면 세 번째 사람이 가장 큰 호감을 얻은 이유는 무엇일까. 세 번째의 사람은 처음엔 부정적인 말로 시작하고 칭찬으로 마무리한다. 이것은 상처에 치료제를 발라주는 역할과도 같다. 그렇기 때문에 세 번째 사람이 가장 큰 호감을 얻는다.

칭찬 방식에 따라 그 효과가 전혀 다르게 나타난다. 칭찬도 자신의 기분에 따라 할 것이 아니라 상대방의 기분을 살펴가면서 해야 한다. 칭찬은 삶을 변화시킨다. 커다란 힘을 제공하고 밝은 미래를 열어주는 데 적지 않은 기여를 한다.

헨리 포드는 에디슨의 칭찬 한마디에 자동차 왕이 되었고, 에디슨은 자신을 인정하는 어머니의 칭찬을 듣고 발명왕이 되었다. 칭찬은 사람의 마음속에 긍정의 에너지를 불어넣는다. 사람의 능력을 극대화하고 성공적인 삶을 살도록 이끈다. 칭찬을 잘하는 남편은 마음이 분명 따뜻하고 부드러우며, 아내를 잘 감싸고 보살펴 주는 배려 깊은 사람임이 틀림없다. 진정 아내를 사랑하고 가정의 행복을 원한다면, 지극히 사소한 일이라도 칭찬거리를 찾아서 아낌없는 칭찬을 해 주어야 한다.

아내 건강을 위해 정성 다하는 남편 되기

"건강 유지는 자기에 대한 의무이며 또한 사회에 대한 의무이다."

– 벤자민 프랭클린 –

2016년 기준 한국인의 기대수명은 82.4세다. 반면에 건강 수명은 64.9세라는 통계가 있다. 이 말인즉슨 대부분의 사람들이 17.5년이라는 기간 동안 질병으로 고통을 받는다는 것을 말한다. 사람들이 원하는 것은 단순히 오래 사는 것이 아니다. 오래 살기보단 병에 걸리지 않고 건강하게 살기를 원한다. 이런 삶을 살기 위해 좋은 음식을 먹고, 열심히 운동을 하고, 건강 관련 정보를 스크랩해서 활용하기도 한다. 사람의 몸이란 참으로 오묘한 것이다. 마음이 병들면 몸도 증상을 나타내고, 몸이 아프면 마음도 병들게 되어있다. 예전에는 '보릿고개'라는 말이 있었다. 끼니를 챙기기가 어려워 병에 걸리는 사람들이 적지 않았다. 하지만 요즘은 어떠한가. 요즘은 그와 반대로 많이 먹고 잘 먹어서 병을 고치기 어려운 시대가 되었다. 더군다나 현대인들은 복잡한 사회구조와 인간관계 속에서 항상 스트레스를 받으며 평온치 않은 마음으로 살고 있다. 그래서 건강에 좋은 것을 먹고 적절히 운동하며 긍정적인 생각으로 자신의 일에 최선을 다하려 하고 있다. 즐거움과 행복을 얻고 건강하게 살려고 한다.

우리의 몸은 정직하다. 거짓말을 하지 않는다. 평소에 몸이 보내는 신호에 귀 기울여야 한다. 그래야만 건강한 몸을 유지할 수 있다. 몸이 보내는 신호를 무시하면 건강에 대한 불안을 느낀다. 아무리 검사를 자주 해도 질병의 100%를 찾아낼 수는 없는 노릇이다. 더군다나 근본적인 원인을 찾아 치료하지 않는 한 질병을 예방할 수는 없다. 몸이란 것은 참으로 정직하다. 좋은 것을 만났을 때가 있고 반대로 나쁜 것을 만났을 때가 있다. 둘의 경우는 확연히 다르다. 각각 다른 신호를 보낸다고 한다. 이제는 100세 시대다. 그래서 건강 계획도 시대에 맞게 업그레이드하고 관리해야 한다. 사람들마다 체력상태도 다르다. 40대 같은 60대가 있는 반면, 60대 같은 40대가 있다. 나이 든 사람과 젊은이의 가장 큰 차이점은 바로 '감성'이라고 한다. 즉 나이가 들면 세파에 시달려 감성이 둔해진다. 그래서 전문가들은 말한다. 건강한 노년을 맞이하기 위해선 오래 몸담을 수 있는 직업과 취미 활동을 가지라고 말이다. 노년기의 가장 큰 적은 '외로움'일 수 있다고 한다.

흔히들 나이가 들면 기억력이 떨어진다고 한다. 이런 생각이 뇌의 노화를 촉진하는 법이다. 뇌를 젊게 유지하기 위해서는 생각을 조금 바꿔야 한다. 나이는 숫자에 불과하다는 생각으로 살아야 한다. 건강은 타고나는 것이 아니다. 어떻게 사느냐에 따라 충분히 좋아질 수도 있는 것이 바로 건강이다. 평상시 생활 습관을 바로 잡아야 한다. 평소의 긍정적인 마인드가 몸을 변화시키기도 한다. 실제로 긍정적인 생각을 가지면 뇌와 척수신경 영상에 변화가 생기는 등 몸이 변화를 일으킨다고 한다. 긍정의 믿음 효과를 제대로 발휘하려면, 행동이 수반되어야 하고 상상도 명확해야 한다. 한마디로 구체적인 믿음을 가져야 한다. 대부분의 사람들은 건강할 때 건강에 대해서 별 관심을 기울이지 않는다. 건강에 적신호가 켜진 후에야 부쩍 신경을 쓴다. 건강은 건강할 때 지키라는 말이 있다. 그러니 평소에도 자신의 건강에 자만하지 말고 꾸준히 관리해야 한다.

아내의 건강은 가정 행복의 바로미터(barometer)라고 할 수 있다. 아내의 건강은 아내가 가족을 위해 희생하는 것만큼 남편이 각별히 관리하고 신경 써야 한다. 아내는 집안 살림을 하느라 돈을 아낀답시고 병원에도 잘 가지 않으려고 한다. 병이 있다고 하더라도 가족에게 부담을 주지 않기 위해 숨기려 드는 경우가 부지기수다. 시간이 한참 흐른 후에야 남편은 아내의 병을 깨닫는다. 하지만 그때는 이미 아내의 병이 커진 후다. 그러니 남편은 평소에 아내의 안색을 잘 살펴야 한다. 아내의 병을 사전에 예방하기 위해선 평상시 식구들 간의 소통이 원활해야 한다. 그래야만 큰 문제를 미리 차단할 수 있다. 그런데 서로 대화도 없고 상대방을 헤아려주려는 마음도 갖고 있지 않다면 어쩔 수 없는 지경에 이르고야 만다. 노년에 아내가 병이 들어서 병원에 다니는 남편들의 한숨 섞인 얘기들이 있다. "내가 이 지경이 되다니, 참 말년의 인생살이가 팍팍하고 한심하구먼!" 이런 식의 불평이다. 건강은 기본적으로 자기 스스로 챙겨야 할 문제다. 하지만 먹고사는 일에 치여 살다 보면 그것마저도 쉽지가 않다. 그러니 곁에 있는 사람이 챙겨줘야 한다.

만약 아내가 내 곁에 없다면 어떨까. 병에 걸린 아내가 어느 날 저세상으로 떠난다면? 상상만 해도 슬프다. 평소에 아내를 좀 더 챙겨주지 못했다며 자책할지도 모른다. 그러니 있을 때 잘하자. 늘 아내의 건강을 챙겨주는 자상한 남편이 되어야 한다. 아내의 건강은 곧 나의 기쁨이다. 아내가 지금 내 곁에 존재한다는 사실에 늘 감사해야 한다.

아내의 마음을 헤아리는 남편 되기

"좋은 아내는 남편이 숨기고 싶어 하는 사소한 일을 언제나 모르는 척한다. 그것은 결혼 생활의 기본 예절이다."

– 서머셋 몸 –

한국 남성들은 감정표현에 서투르다. 다른 사람을 의식하는 체면 문화, 가부장적인 가정 형태에 익숙해져 있다. 그래서일까. 아내에게 늘 시부모에게 잘할 것을 강요하다시피했다. 반면에 여성은 어떠했는가. '여자는 시집만 잘 가면 된다.'라는 생각이 강했다. 그런 이유에서 딸은 아들에 비해 교육적인 면에서의 투자가 적었다. 여성의 사회 활동의 기회가 적을 수밖에 없는 상황이었다. 그러나 2017년 통계청이 발표한 여성 경제 활동 참여율(만 15세 이상 전체 여성 인구 중 여성 경제활동 인구가 차지하는 비율)은 52.7%로 예전에 비해 현저하게 높은 차이를 내보이고 있다. 이러한 통계 결과는 여성들의 자아실현 욕구가 지속적으로 증가하고 있음을 보여주고 있다. 과거에 비하면 오늘날의 사회는 많은 것들이 변하고 진보했다. 그럼에도 가부장적 요소들은 사회의 곳곳에 남아있다. 이러한 영향 때문인지, 남편들은 보수적인 가장의 자리에서 벗어나지 못하고 아내에 대한 통제 욕구를 여전히 버리지 못하고 있다. 이러한 성향은 남편이 자신의 아버지로부터 학습한 결과이기도 하다. 가부장적인 분위기가 계속될 경우 남편과 아내 사이의 감정의 골이 깊어질 수 있다. 이러한 갈등을 예방하기 위해서는 평소에 소통이 원활하게 이루어져야 한다. 그러나 우리나라 부부의 하루 평균 대화 시간은 적은 편이다. 2013년 인구보건복지협회에서 공개한 설문조사 결과를 보면, 부부간의 하루 평균 대화 시간이 30분~1시간이 32.9%이고, 10~30분이 29.8%, 10분 미만이 8.6%였다. 약 40%에 가까운 부부가 하루에 30분도 대화하지 않는 결과를 나타내고 있다. 부부가 잘 통하는 대화를 하기 위해서는, 상대의 성향과 기질, 대화 방식을 이해하려는 노력이 필요하다.

대화를 나눌 때, 아내와 남편은 소통 방식에 있어서도 차이를 보인다. 어떤 문제가 발생했을 때, 아내가 자신의 얘기를 하는 목적은 문제 해결보다는 대화 그 자체에 있다. 얘기를 함으로써 스트레스를 해소하고, 상대방으로부터 어떤 정서적인 위안을 얻기 위함이다. 상대방이 나의 얘기를 잘 들어주고 공감해 주고 위로해 준다면 그걸로 된 것이다. 이와 반대로 남편의 경우는 다르다. 남성의 경우는 여성과 달리 실질적인 해결책을 바라는 의미에서 대화를 시작했을 가능성이 높다. 때문에 아내와 남편은 서로 간의 이러한 차이점을 고려해야 한다. 서로의 사고 구조가 다름을 받아들여야 한다. 그래야만 서로를 수용할 수 있다.

대화도 일순간에 이루어지는 것이 아니다. 때문에 꾸준한 자기 훈련이 필요하다. 훈련 방식에 대해서도 생각해 볼 수 있다. 아내가 먼저 다가와 주길 바라기보다는 내가 먼저 아내에게 다가가는 것이 좋다. 또한 선물을 고를 때에도 단순히 내 판단으로 고르기보다는 아내에게 좋아하는 것을 직접 물어보고 선물하는 것이 좋다. 또한 아내가 화가 났을 때는, 반사적으로 반응하거나 공격하는 것을 경계해야 한다. 자신의 감정이 차분해지기를 충분히 기다렸다가 이후에 상황과 감정을 읽어야 한다. 그런 다음에 자신의 감정을 차분하게 표현해야 한다. 예를 들면 이런 것이다. 아내가 어느 날 "하루 종일 집안 문제로 올케와 씨름했더니 힘이 드네!"라고 얘기했을 때, 다음과 같이 답해보라.

◎ "당신, 많은 신경을 썼겠구나.": 상황 읽어주기

◎ "당신 힘들었겠네.": 감정 읽어주기

◎ "힘들어하는 당신을 보니 내 마음이 아프네.": 나의 감정 표현하기

이렇게 표현하는 훈련을 하다 보면 대화의 시간을 점차 늘릴 수가 있다. 무엇보다 아내의 마음을 헤아리는 계기가 된다. 부부가 함께 오래 살지라도, 이와 같은 대화 시간이 부족하면 늘 답답할 것이다. 부부란 자고로 서로에 대한 사랑과 존중의 자세가 밑바탕이 되어야 한다. 그래야 속마음을 터놓고 지낼 수 있다.

세상에서 가장 어려운 것은 바로 '사람의 마음을 얻는 일'이라고 한다. 사람의 마음이란 다양하고 복잡하다. 그 바람 같은 마음을 머물게 한다는 건 정말 어려운 일이다. 남편들이 아내의 마음을 잘 헤아려주면 좋겠지만, 그게 참 쉽지 않다. 아내의 속내를 헤아리는 일에 서툰 남편들이 의외로 많다. 남편들은 자신이 아내의 마음을 누구보다도 잘 알고 있다고 착각한다. 하지만 알고 보면 남편은 자기 마음대로 아내의 마음을 판단하고 착각하고 있을 뿐이다. 남편이 가정의 진정한 행복을 위한다면, 아내의 마음이 어떤지 알아보려는 마음을 가져야 한다. 그런 모습을 보인다면, 자녀들이

부모를 바라보는 시각이 달라질 것이다. 자녀에게도 참교육이 된다. 그렇다면 남편은 아내를 위해 어떤 자세를 가져야할까.

첫째, 아내가 불평불만을 늘어놓을 경우 무조건 들어준다. 불평을 들어준다는 것은 많이 힘들고 짜증이 나는 일이다. 하지만 익숙해질 필요가 있다.

둘째, 아내가 신이 나서 얘기할 때는 맞장구를 쳐준다. 아내가 말하고 있는 도중에 남편이 끼어들 경우 상황이 악화될 수도 있다.

셋째, 아내와 대화할 땐 친근하게 다가가라. 아내는 가끔 남편이 자신을 친구같이 대해주는 걸 좋아한다. 대화를 하기 전에 먼저 분위기를 부드럽게 만들어놓고 시작하라.

넷째, 대화가 힘들 경우는 손편지를 써서 달랜다. 말이 아닌 글로써 마음을 전달할 경우 그에 상응하는 효과가 있을 것이다.

다섯째, 아내가 무심코 던진 말도 주의해서 듣고 현명하게 판단해야 한다. 아내가 농담조로 남편에게 말을 던질 때, 그대로 받아들여선 안 된다. 농담을 가장한 진심이 담겨있는 말이기 때문이다.

여섯째, 남편 자신의 직장 일이나 사업에 대해 전후 사정을 얘기해 주어야 한다. 아내가 이해할 수 있도록 차근차근 설명해 주어야 한다.

일곱째, 아내가 예의에 걸맞는 행동을 할 수 있도록 분위기 조성에 힘써야 한다. 집에만 있으면 아내의 태도가 느슨해지기 쉬우므로 예의에 벗어나지 않도록 유도하는 것이 좋다.

사실 아내의 마음을 헤아리는 것은 그리 거창한 일이 아니다. 그저 아내를 인정해 주고, 존중해 주고, 공감해 주면 되는 것이다. 머리가 아닌 가슴으로, 이성이 아닌 감성으로 아내의 마음을 읽어나간다면 아내의 마음이 와닿을 것이다.

자발적으로 집안일 도와주는 남편 되기

"사소한 일이 우리를 위로한다. 사소한 일이 우리를 괴롭히기 때문에…"
– 블레즈 파스칼 –

OECD가 조사한 한국 남성들의 가사 분담 시간은 약 45분 정도라고 한다. 꼴찌 수준을 벗어나지 못하고 있다. 이런 결과는 아마 남편들의 인식 때문일 것이다. 남편들에게 있어 집안일이란 그저 내가 잠깐 짬을 내어 돕는 일에 불과하다. 어느 남편은 집안일을 조금 도와줘 놓곤 아내에게 생색을 내기도 한다. 하지만 집안일이란 두 사람이 함께 해야 할 몫이다. 그럼에도 중년 남성들의 생각은 가부장적인 사고방식에서 벗어나지 못하고 있다. 그나마 젊은 부부들은 좀 나은 편이다. 그들은 남녀가 힘을 모아 함께 개선 방향을 찾아가고 있다. 문제는 나이 드신 분들이다. 기성세대에 속하는 분들은 여전히 가부장적인 세계관을 벗어나지 못하고 있다. 그 이유는 무엇일까. 그것은 마인드가 바뀌지 않고 있기 때문이다. 아내가 집안일을 도우라는 말을 꺼내면, 이런저런 핑계를 대며 미루는 경우가 적지 않다. 일부 남편들은 바깥일을 마치고 집에 돌아오면 그저 쉬고 싶은 마음이 한가득이다. 내가 집에 와서도 집안일을 해야 하냐며 미루는 경우도 있다. 반면 집안일을 많이 돕는 남편들은 어떠한가. 그들은 잔소리가 심하다. 현관 입구에 흙이 묻었으면 좀 쓸라든가, 변기에 물이 튀었으면 그때그때 좀 닦으라든가, 하는 식의 잔소리 말이다. 그들은 집안일을 잘 돕는 만큼이나 잔소리 역시 많다. 때로는 반대로 아내가 남편에게 집안일을 왜 이렇게 했냐며 잔소리하는 경우도 있다. 그런 반응을 접한 남편은 만사를 다 귀찮게 여긴다. 집안일에 아예 손을 떼고 나 몰라라 하기도 한다.

그나마 집안일 안 돕는다고 남편에게 잔소리하는 아내는 집안일에 신경을 많이 쓰는 사람이다. 잔소리조차 안 하는 아내도 있다. 살림 자체에 무관심하다고 봐야 한다. 그렇다면 가사분담은 어떤 식으로 배분해야 좋을까. 상대를 비난하기보다는 서로 배려하고 좋은 점을 바라보는 것이 현명한 처사일 것이다. 더불어 남편이 아내에게 집안일에 대해 칭찬이라도 거들어주면 금상첨화다. 남편에게 집안일을 억지로 시키면 남편 입장에선 반발심이 생겨 잘 안 하는 수가 있다. 부부가 사소한 일로 인해 감정의 골이 깊어지면 어떤 잘 못에도 예민해지기 마련이다. 같은 문제가 반복된다면 방법을 바꿔보는 것은 어떨까.

밥, 빨래, 청소. 남편이 이 세 가지만 잘해줘도 아내는 남편을 업고 다닐지도 모른다. 그리고 아내가 해주는 밥을 얻어먹었으면 설거지쯤은 당연히 해야 양심 있는 남편이다. 남편이 밥을 먹고 나서 자리를 치우지도 않고 바로 거실에 드러누워 티비를 본다든가 하면 아내는 투덜거릴 수밖에 없다. 그러니 밥을 먹고 나면 빈 그릇 정도는 개수대에 넣어두자. 그리 어려운 일이 아니다. 빨래도 마찬가지다. 세탁기가 있어 그렇게 힘들지 않다. 아내를 돕겠다는 마음만 있다면 빨래 역시 바로 배울 수 있다. 청소는 또 어떤가. 청소기 돌리는 일은 설거지나 빨래보다 더 쉽다. 이 세 가지만 해줘도 아내는 남편에게 고마움을 느낄 것이다. 아내는 남편에게 큰 걸 바라는 것이 아니다. 사소한 일에 신경 써주고 도와주는 자체로 행복하고 고마워한다. 그런데도 남편은 이런 사소한 것들을 잘 처리하지 못한다. 그래서 아내로부터 핀잔을 듣고 가정의 평화를 깨고 만다.

남편들은 생각을 바꿔야 한다. 집안일을 '돕는다'라는 개

넘에서 벗어나 남편 자신 역시 집안일을 스스로 해낸다는 생각을 해야 한다. 집안일은 아내만의 전유물이 아닌 부부 모두의 몫이다. 도와준다는 말은 곧 남의 일을 거들어준다는 얘기다. 이런 생각을 갖는 순간부터 사람이 수동적인 자세를 갖게 된다. 소극적인 자세를 취하게 된다는 말이다. 사실 집안일이 아내의 일, 남편의 일로 딱 구분될 수 있는 문제는 아니다. 집안일은 공동의 일로서 남편의 몫이기도 하다. 그럼에도 남편들은 집안일을 할 때, 마치 아내에게 선심을 베푸는 듯이 한다. 이러니 문제다. 집안일에 대한 기존의 고정관념을 완전히 탈바꿈해야 한다. 능동적인 자세를 취해야 한다. 그래야 일에 대한 보람도 생기고, 아내와의 마찰도 적어진다. 집안일을 하고 나면 늘 도와줬다며 생색을 내선 안 된다. 거만해서도 안 된다. 늘 겸손한 자세를 가져야 한다.

명절 때는 또 어떤가. 제사 음식을 준비하고 마련하는 건 늘 여자들의 몫이다. 손이 부족해 황망스러울 정도다. 그럴 땐 남편이 얼른 가서 거들어야 한다. 하는 일도 없이 그저 신문이나 티비만 보고 있어선 안 된다. 여유가 있으니까 아내의 일을 거들어주는 것이 당연하다. 때로는 남편들이 집안에 많은 일을 남겨두고 운동을 한다며 나가버리기도 한다. 이런 모습을 볼 때마다 아내는 남편에 대한 불만이 쌓인다. 시간이 지나도 남편에 대한 앙금이 남아 마음이 내내 편치 않다.

아내의 결혼 생활 만족도는 남편이 집안일을 얼마나 도와주느냐에 따라 달라진다. 그만큼 아내의 생활에서 집안일이 차지하는 비중이 높다는 얘기다. 집안일은 끝이 없다. 한 고개 넘으면 또 다른 고개가 나오듯이 수차례 반복하는 것이 집안일이다. 이런 사실을 남편도 충분히 인지하고 있어야 한다. 아내와 함께하는 집안일을 미리 챙길 수 있도록 늘 신경 써야 한다.

아내를 제2의 어머니로 여기는 남편 되기

"착한 아내는 남편에게 제2의 어머니다."

― 사기(史記) ―

남편을 잘되게 하는 아내는 과연 어떤 아내인가. 남편에게 용기와 희망을 불어넣어 주는 아내다. 아내가 남편의 능력을 믿어준다면 남편은 힘과 용기가 솟는다. 희망 섞인 말은 사람에게 활력을 불어넣어 주고 자신감을 갖게 한다. 중국의 사기(史記)엔 이런 말이 등장한다. "착한 아내는 남편에게 제2의 어머니다." 이 표현은 아내에 대한 존경의 의미가 담겨 있다. 아내에게 종종 발견되는 따뜻함과 지혜로움이 바로 어머니의 모습을 연상케 한다. 착한 아내는 거저 되는 것이 아니다. 김옥림의 저서 『아내가 남편에게 남편이 아내에게』에는 착한 아내가 되기 위한 방법들이 등장한다.

첫째, 좋은 아내가 되겠다는 생각을 늘 가슴에 품고 실천한다.

둘째, 남편이 하는 일에 관심을 갖고 도움이 되는 일을 한다.

셋째, 남편이 건강해야 가정이 행복하다는 마음으로 편안하게 대해 준다.

넷째, 사랑은 많이 주고 바가지는 적게 긁는다.

다섯째, 같은 말이라도 좋은 말을 가려서 한다.

여섯째, 정성스럽게 밥상을 차린다.

일곱째, 절대로 남편 기를 죽이지 않는다.

여덟째, 능동적인 생활로 집안 분위기를 밝게 띄운다.

아홉째, 남편이 싫어하는 말은 가려서 한다.

열째, 남편의 좋은 점을 찾아서 칭찬한다.

김옥림, 『아내가 남편에게 남편이 아내에게』 중에서

아내는 남편이 어떻게 하느냐에 따라 태도나 모습이 달라진다. 부부 사이가 항시 좋을 수만은 없다. 종종 소원해지기도 한다. 남편이 아내를 넓은 마음으로 받아주고 포용해야 한다. 그래야 원만한 부부 관계가 유지될 수 있다.

부부는 살아가는 동안 원만한 대화를 통해 유대감을 돈독히 해야 한다. 또한 헌신적인 사랑으로 다가가고 좋은 모습을 자꾸 키워가야 한다. 남편은 아내에게 어려움을 이야기할 때 좀 더 진솔한 마음으로 다가가야 한다. 그러면 아내는 진정한 마음으로 남편의 이야기를 듣고자 할 것이다.

우리나라 남편들은 표현에 인색한 편이다. 아내를 향한 남편의 마음이 아무리 깊을지라도 아내에게 전달되지 못하면 소용없다. 그러니 애정표현에 적극적이어야 한다. 그래야만 애정을 주고받는 건강한 사이가 될 수 있다. 아내가 남편에게 존경받는 사람이 되면 가정의 행복 에너지는 넘칠 것이다.

부부가 서로를 존경하려면 우선 서로를 신뢰할 수 있어야 한다. 신뢰하려면 남편은 무슨 일이든 아내와 의논해서 처리하도록 해야 한다. 남편들이 흔히 하는 실수가 있다. 내 아내는 내 맘대로 해도 된다는 잘못된 생각이다. 이런 생각의 기저에는 아내를 자신의 소유의 대상으로 바라보는 그릇된 인식이 깔려있다. 아주 몰상식하며 폭력적인 인식이다. 아내는 남편의 소유물이 아니다. 아내는 남편과 동등한 관계에 있는 독립적인 인격체이다. 아내들은 남편이 자신을 인격적으로 대해주기를 바란다. 집안일과 관련한 크고 작은 결정을 할 때 아내와 상의 없이 일을 저질렀다가는 큰코다치는 수가 있다. 아내에게 진정으로 사랑받고 존경받는 남편이 되려면, 먼저 아내를 존중해야 한다. 더군다나 작은 일이라고 할지라도 세심한 관심으로 살피고 아내와 상의하는 습관을 기를 필요가 있다. 아내 위에 군림하려는 생각을 버려야 한다. 그건 조선 시대의 사고방식이다.

남편들은 크게 두 부류로 나뉜다. 아내와 자녀를 먼저 생각하는 사람, 자신의 입장을 우선시하는 사람. 당연히 후자보다는 전자를 택해야 한다. 한 집안의 가장이라면 모름지기 그래야 한다. 발자크는 이렇게 말했다. "아내란 자신이 만들어낸 작품."이라고. 아내란 남편이 하기에 따라 다른 모습을 보일 수 있다는 얘기다. 남편이 먼저 아내에게 다가가 맞추는 노력을 할 필요가 있다. 그래서 영국의 성직자이자 역사학자인 토마스 풀러는, "남자가 가지고 있는 최고의 재산 또는 최악의 재산은 바로 그의 아내이다."라고 말했다. 김옥림의 저서, 『아내가 남편에게 남편이 아내에게』의 내용 일부를 소개하려고 한다. 아내에게 충실한 남편이 되기 위한 다섯 가지 방법이다.

첫째, 한 마디 말이라도 사랑을 듬뿍 담아서 하라.
둘째, 아내의 의견을 존중하라.
셋째, 가끔은 아내를 왕비처럼 대해 주어라.
넷째, 무슨 일이든 아내에게 정직하라.
다섯째, 아내와 아이를 위해 가끔은 앞치마를 둘러라.

아내에게 존경하는 마음을 가지려면 아내와의 관계가 원만해야 한다. 즉 서로를 인격적으로 대해야 한다. 무슨 일을 하더라도 아내와 충분한 논의를 거쳐야 한다. 그래야만 설령 일이 잘못되더라도, 크게 당황하거나 낙담하지 않고 대처할 수 있다. 아내를 자신의 입장에서 맞추려 하지 말고 자신을 아내에게 맞추는 폭넓은 생각을 가져야 한다. 부처님은 일곱 가지 종류의 아내가 있다고 하였다. 그것은 곧 다음과 같다.

첫째, 남편을 죽이는 아내. 더러운 마음을 가지고 남편을 아끼지 않고 업신여기며, 퉁명과 짜증으로 남편을 무시하는 아내다.

둘째, 도둑과 같은 아내. 남편이 자존심을 버리고 세상 사람들에게 굽실거리며 고생해서 돈을 벌어 와도 살림을 축내서 남편의 등골을 파먹고 사는 아내다.

셋째, 주인 같은 아내. 자신의 미모만 믿거나 자녀를 볼모로 삼아 남편을 종처럼 부려먹는 아내이다. 게을러서 일하기 싫어하고 말이 거칠어 남편을 머슴 부리듯 하는 아내다.

넷째, 어머니 같은 아내. 남자들에게 어머니는 그리움의 대상이다. 남자는 무조건적이고 헌신적인 어머니의 사랑을 그리워한다. 아이 하나 키우듯 남편에게 정성을 들이는 아내다.

다섯째, 누이동생 같은 아내. 여동생이 오빠한테 애교와 응석을 부리듯 남편에게 생기를 불어넣어 주는 아내다. 귀여움으로 자신을 가꾸고 남편이 한껏 즐길 수 있도록 배려하는 아내다.

여섯째, 친구 같은 아내. 편안한 친구를 대하듯 부담 없는 관계로서, 남편이 무슨 말을 해도 비난하지 않고 받아주는 아내다.

일곱째, 종 같은 아내. 현시대에 맞지 않는 아내 상이지만, 남편이 필요한 것을 말하기도 전에 미리 알아서 챙겨주고 주위 사람들도 잘 돌보는 아내다.

또한 집회서 26장에 「좋은 아내를 가진 남편의 행복」에 대한 잠언이 있어 이를 소개한다.

좋은 아내를 가진 남편은 행복하다.

그가 사는 날수가 두 배로 늘어나리라.

훌륭한 아내는 제 남편을 즐겁게 하고,

그 남편은 평화롭게 수를 다하리라.

…(중략)…

그 남편은 부유하든 가난하든 마음이 즐겁고,

언제나 활기가 넘친다.

…(중략)…

우아한 아내는 남편을 즐겁게 하고,

사려 깊은 아내는 남편의 뼈를 살찌운다.

조용한 아내는 주님의 선물이다.

교양 있는 영혼을 대신할 만한 것은 없다.

정숙한 아내는 은혜 중의 은혜이다.

어떤 저울로도 절제하는 영혼의 가치를 달 수 없다.

집안을 깨끗하게 정돈하는 착한 아내의 아름다움은,

주님의 창공에 떠오른 태양과 같다.

약지손가락 하이파이브
부부 행복을 위한 Tip 4

– 아내를 위한 관심과 정성이 부족한 남편들에게 –

① 우리나라 남편들은 대부분 보수적인 가정에서 자라났다. 그런 이유에서 표현에 인색하고, 아내에게 잘해주는 경향이 낮다. 남편들은 아내에게 깊은 관심을 가져야 한다. 아내에게 잘해줘야 하는 이유를 깨닫고 정성을 들여야 한다.

② 부부가 초심을 유지하는 경우는 흔치 않다. 삶이 아무리 힘들어도 하늘에서 준 인연을 쉽게 저버려서는 안 된다. 지난날을 되돌아보며 남편이 더 적극적으로 나서서 행복한 부부의 정을 나누도록 해야 한다.

③ 남편은 아내를 지원해야 한다. 그래야만 아내가 가정의 중추적인 역할을 할 수 있다. 가족 모두를 위해 희생하는 아내의 모습을 생각하며 뒷바라지 역할을 충실히 해야 한다.

④ 여성은 남성에 비해 섬세하다. 섬세하다는 건 그만큼 여리고 상처받기 쉬운 체질이라는 것을 뜻한다. 아내 역시 마찬가지다. 남편은 아내의 이런 섬세한 성격을 파악하고, 아내에게 정성을 쏟아야 한다. 특히 아내의 생일 같은 축하할 일은 그냥 지나치지 않고 꼭 챙겨야 한다. 부부간에는 사소한 일들이 화근이 되기 때문이다.

⑤ "칭찬은 고래도 춤을 추게 한다."라고 했다. 하지만 우리의 남편들은 어떠한가. 아내에 대한 칭찬이 너무나 빈약하다. 칭찬은 아내의 자신감과 자존심을 돌보는 강장세 역할을 한다. 그러니 아내를 향해 아낌없이 칭찬해라.

⑥ 가족들의 건강이 중요하다고 한다. 하지만 아내의 건강에 섬세한 신경을 쓰는 남편은 많지 않다. 사람이 건강을 잃으면 모든 것을 잃는 것과 다름없다. 아내의 건강에 관심을 가져야 한다. 가족들의 안정을 위해서라도 말이다.

⑦ 집안일을 아내와 함께 분담하는 남편들의 수가 점점 늘어나는 추세다. 그러나 진정 바뀌어야 할 것은 마음의 자세다. 남편은 집안일이 분담의 대상이 아닌 그저 자신이 도와줘야 할 일이라고 생각한다. 이것은 수동적인 태도다. 집안일은 두 사람 모두의 몫이다. 도와주는 형태로 접근해선 안 된다. 남편 역시 당연히 해야 할 일이다.

5장

새끼손가락 : 디테일
행복은 실천의 힘으로 키운다

"오랫동안 꿈을 그리는 사람은
마침내 그 꿈을 닮아간다."

- 앙드레 말로 -

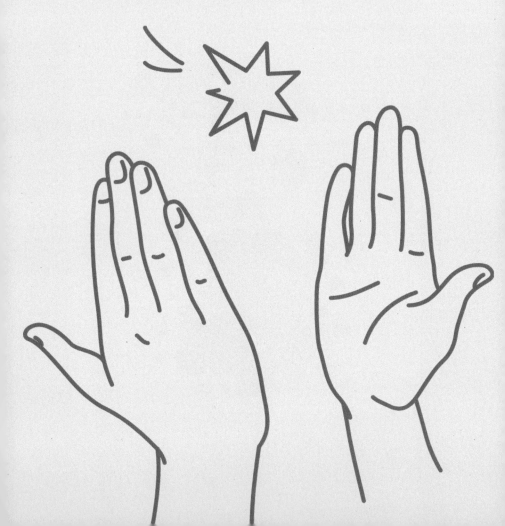

하이파이브로 부부의 꿈 설계하기

"위대한 인물은 목표가 있고, 평범한 사람은 소망이 있을 뿐이다."
— 워싱턴 어빙 —

행복한 삶을 살고자 하는 사람들에게 있어서 인생에 대한 결과물은 중요한 문제다. 꿈을 이루고자 한다면 앞을 내다보는 명확한 목표가 설계되어야 한다. 이러한 목표가 설계되어 있지 않은 사람은 98%가 실패로 돌아간다. 또한 계획한 일들의 진행 상태를 체크해야 한다. 그래야 목표에 무사히 도달할 수 있다. 그런데 그 목표 설정이 너무 애매하고 추상적이면, 이행 여부가 분명치 않아 성과 달성의 가능성은 희박해진다. 그럼에도 대부분의 사람들은 목표 설정을 할 때 막연한 그림을 그린다. 훌륭한 남편이나 아내가 되고 싶다든가, 유능한 사람으로 성공하고자 한다든가 하는 식의 막연한 생각 말이다. 이런 식의 목표는 실행으로 옮기는 데 문제가 된다. 훌륭한 남편이나 아내가 되고 싶다면 어떻게 해야 훌륭한 사람이 될지, 어떤 방법으로 자신을 바꿔나갈 것인지를 고민해야 한다. 실현성 있는 내용으로 짜임새 있는 계획을 꾸려야 한다.

우리는 현재 자신의 감정과 기분을 차분하게 들여다볼 필요가 있다. 그것이 바로 행복으로 가는 길이다. 자신이 지금 불행한 이유가 뭔지 알아야 한다. 그래야 해결 방법과 행복을 찾을 수 있다. 행복한 사람들은 지금 자신이 가지고 있는 것을 소중히 여길 줄을 안다. 남과 자신을 비교하면서 초조해하지 않는다. 행복을 위해선 좀 더 구체적인 목표가 세워져야 한다. 어떤 목표들이 있는지 살펴보면 다음과 같다.

첫째, 대화 시간을 10분에서 30분 정도 늘리고 단계적으로 확대해 간다.

둘째, 부부간의 여행 횟수를 상, 하반기 연 2회로 주기적으로 실시한다.

셋째, 가족이 함께 식사하는 시간을 1주일에 1회에서 2회로 늘린다.

넷째, 가족과의 영화, 문화 공연 관람을 매월 2회 이상 한다.

이처럼 확실한 방향을 제시해야 한다. 가급적이면 수치적으로 설계해서 계량화해야 한다. 그래야만 성과를 평가할 수 있다. 성과를 평가하는 일이란 중요하다. 과거와 미래를 상호 비교하면서 현재의 상황을 검토할 수 있기 때문이다.

프랑스 작가 프랑수아 를로르의 에세이집인 『꾸뻬 씨의 행복 여행』에서는 행복을 측정하는 세 가지 방법에 대해 얘기하고 있다. 첫째, 사람들에게 하루에 몇 번이나 즐거운 감정을 느끼는지 묻는 것. 둘째, 자신의 삶이 만족스러운가를 묻는 것. 셋째, 얼굴 표정을 관찰하는 것 등이었다. 또한 행복의 비결에 대해서도 다음과 같이 말하고 있다.

첫째, 행복의 비결은 다른 사람과 자신을 비교하지 않는 것이다.
둘째, 행복은 자신이 좋아하는 일을 하는 것이다.
셋째, 행복은 집과 채소밭을 갖는 것이다.
넷째, 행복은 내가 다른 사람에게 쓸모 있는 존재가 되는 것이다.
다섯째, 행복은 사물을 바라보는 방식에 달려 있다.
여섯째, 행복은 다른 사람의 행복에 관심을 갖는 일이다.

행복은 곧 살아있음을 느끼는 것이다. 우리가 살아있다는 것, 그것은 하나의 기적이다. 우리는 늘 많은 시간 속에 있으면서도 그 사실을 느끼지 못하고 있을 뿐이다.

성공한 사람들의 공통점은 목표가 명확하다는 것이다. 특히 새로운 목표를 설정할 때는 중점 목표를 선택하는 데 세심한 주의를 기울인다. 우리의 잠재의식은 마치 자석과 같다. 어떤 목표를 세우면 목표 달성에 필요한 것을 집중적으로 끌어당긴다. 하지만 목표가 명확하지 않으면 어떨까. 좋은 기회가 찾아왔더라도 놓치고 말 것이다. 하지만 명확한 목표는 다르다. 극한 상황을 극복할 수 있는 힘을 제공한다. 강상구의 저서 『나를 위한 행복한 습관 만들기』에서 저자는 말하고 있다. 행복을 원한다면 망각의 늪을 벗어나기 위한 반복적인 훈련, 작심삼일로 발목을 잡는 새로운 다짐, 걸림돌을 뛰어넘을 새로운 습관이 절대적으로 필요하다고 말이다. 또한 저자는 행복의 목표를 설정하는 데 몇 가지 유의할 사항을 다음과 같이 전달하고 있다.

첫째, 한 번에 여러 가지 목표를 정하지 마라.

둘째, 마감이 없는 목표는 목표가 될 수 없다. 구체적인 마감 기한이 정해져야 한다.

셋째, 과도한 목표, 강요된 목표, 확신이 없는 목표는 적합하지 않은 목표로서 성공의 걸림돌이 된다.

넷째, 단정적이고 구체적인 목표가 필요하다.

목표를 설정하면서 많이 활용되는 개념이 'SMART'다. 즉 S는 '구체적(specific)'이고, M은 '측정 가능(measurable)'이며, A는 '행동 지향적(action oriented)'이다. R은 '현실적(realistic)'이고 T는 '기한(time-bound)'이다. 목표가 설정됐으면 주기적으로 성과를 평가해야 한다. 여기서 중요한 것은 목표 달성에 장애가 되는 문제는 미리 해결해야 한다는 것이다. 그렇지 않으면 일이 엉뚱한 방향으로 흘러 성과를 낼 수 없다. 또한 목표에 영향을 미치는 핵심적인 요인을 미리 찾아내서 챙겨봐야 한다. 결국 가정의 행복을 새로이 발전시켜 나가고자 할 때는, 보다 성숙된 모습으로 체계화하여 나아가는 것이 중요하다. 심리학자들이 말하는 성취동기가 높은 사람들의 특징은 다음과 같다.

① 복잡한 문제가 주어졌을 때, 과제 지속력이 강했으며 문제 해결에 보다 쉽게 도달했다.
② 주어진 시간 내에 간단한 덧셈 문제와 단어 해독을 상대적으로 더 많이 해결했다.
③ 자신의 성취 수행 속도를 잘 조절했고 외부의 감시 없이도 높은 성취 수준을 유지했다.
④ 실패를 경험하고 있을 때조차도 성취동기가 낮은 사람보다 지속력이 더 긴 것으로 밝혀졌다.

대한민국 최고의 기업을 일궈낸 현대그룹의 창업자 고(故) 정주영 회장은, 새로운 일을 망설이는 사람들에게 "해 봤어?"라는 질문을 던졌던 것으로 유명하다. 그는 현재 자신이 하고 있는 일을 어떻게 성공시킬 것인가를 고민했다. 습관 100일 법칙의 틀에서 아래 4가지 구분법을 인용하여 체계화할 필요가 있다.

① 100일 동안 완전히 바꾸고 싶은 것. (금연, 체중 조절, 아침 챙겨 먹기 등)

② 100일 동안 성공의 경험을 쌓기 위한 것. (일기 쓰기, 토익 급수 취득 등)

③ 나의 끈기를 시험하기 위한 것. (1일 1시간 독서, 매일 새벽 기도하기 등)

④ 나의 이미지를 바꾸기 위한 것. (부지런해지기, 표정 관리, 우유부단한 성격 개조 등)

위와 같은 주제 구분 단계를 거쳤는가. 이런 단계를 거쳐야만 일의 우선순위를 정할 수 있다.

가족 행복의 생활 실천 로드맵 실행하기

"이미 알고 있더라도 반드시 행동으로 익혀야 한다. 시도해 보기 전까지
확실한 것은 아무것도 없다."

— 아리스토텔레스 —

행복은 언제 오는가. 어느 날 찾아온 기회를 잡았을 때 행
복은 온다. 여기서 말하는 기회란 곧 실천을 의미한다. 하
지만 생각을 실천으로 옮기는 것은 결코 쉬운 일이 아니다.
'저항의 힘'이 강하게 나타나기 때문이다. 여기서 말하는 저
항의 힘이란 곧 방해물을 뜻한다. 저항은 행복으로 가려는
당신의 발목을 자꾸만 붙잡을 것이다. 뿐만 아니라 저항은
당신의 긍정적인 가능성을 자꾸만 깎아내리기도 할 것이다.

소설가 스티븐 프레스필드는 자신의 저서 『최고의 나를
꺼내라!』에서 저항과 행동의 차이를 다음과 같이 얘기하고
있다.

	저항의 경우	행동의 경우
1	미래의 큰 보상을 기다린다.	현재 찾아온 기회에 뛰어든다.
2	기분이 회복될 때까지 기다린다.	기분의 회복을 위해 실천으로 옮긴다.
3	적시가 찾아올 때까지 기다린다.	지금이 바로 적시라는 생각으로 행동한다.
4	자신감이 생길 때까지 기다린다.	자신감을 기르기 위해 행동으로 옮긴다.
5	해야 할 일들이 쌓여 간다.	일의 진행이 보이기 시작하고, 지속적인 발전으로 에너지가 넘친다.
6	꿈을 부정하고 꿈의 실현을 연기한다.	꿈을 시험해 정당성을 입증한다.
7	사소한 일들에 사로잡혀 방향을 잃게 된다	중요한 문제에 집중하게 된다.
8	삶을 당연시하게 된다.	일상의 소중함을 감사히 여기게 된다.
9	여러 문제들로 인해 삶이 제한받는 느낌이다.	자신의 장점을 십분 활용해서 행동한다.
10	삶이 불확실하다는 느낌에 낙담한다.	자신이 즐기는 일을 한다는 생각에 즐거워한다.
11	절망적인 느낌에 사로잡힌다.	놀라움으로 가득해 발걸음마저 가벼운 기분이다.

실천에 들어가기에 앞서 성공을 위한 마음가짐을 굳게 가질 필요가 있다. 마음가짐을 굳게 다질 수 있는 몇 가지 원칙을 얘기해 보자.

첫째, 첫날의 결심을 읽으면서 마음을 다독여야 한다. 둘째, 처음 시작할 때의 각오를 되새기며 인내해야 한다. 아무리 노력해도 성과가 나타나지 않을 때는, 임계점이라 생각하고 처음 각오를 다지면서 현재의 단계를 넘어가야 한다. 셋째, '나는 할 수 있다'라는 구호를 진심을 다해 읽도록 한다. 이는 간절한 믿음을 갖고 해야 한다. 진행하는 도중에 주변 환경의 변화가 나타날 수 있다. 그럴 땐 보조를 맞춰가며 해야 한다. 이런 경우는 새 결의를 추가하거나 기존 결의를 수정 보완해야 한다. 마음을 강하게 먹고자 할 때는 다음과 같은 문구들을 떠올리면 좋다.

'기적은 일어난다.', '도전하지 않으면 성공도 없다.', '로마는 하루아침에 이루어진 것이 아니다.', '무기력을 극복할 수 있는 유일한 방법은 열정이다.', '오늘이 당신 삶의 나머지 날 중에 첫 번째 날이다.', '풍랑은 항상 능력 있는 항해자 편이다.', '할 수 없는 것도 할 수 있다고 믿기에 할 수 있는 것이다.'

존 크럼볼츠와 라이언 바비노의 저서 『천 개의 성공을 만든 작은 행동의 힘』에서는 다음과 같은 구절이 등장한다. 다짐을 실천으로 옮기기 위한 방법들이다.

1. 행동의 내용을 구체적(육하원칙)으로 명확히 하여야 한다.
2. 행동은 성취할 수 있도록 쉬워야 한다.
3. 즐겁고 흥미로운 경험이 되도록 해야 한다.
4. 지금 당장 시작할 수 있으며 단기간에 끝을 맺을 수 있어야 한다.
5. 최저의 시간과 돈, 자원을 필요로 하는 행동이어야 한다.
6. 샘플을 만든다든가, 서류를 정리한다든가 하는 식으로 현실적인 행동을 해야 한다.
7. 다른 사람들과 상호 작용할 수 있는 기회를 만들도록 사회적이어야 한다.

부부는 '일심동체'라고 했다. 두 사람이 한마음이 되어 행복을 꾸려가는 일이 바로 부부의 길이다. 인생길을 걷다 보면 누구에게나 고난과 시련이 찾아온다. 하지만 부부가 한마음이 되어 헤쳐나간다면 얼마든지 아름다운 삶을 만들어갈 수 있을 것이다.

디테일(detail)이란 무엇인가. 그것은 부분 혹은 세부라는 뜻이다. 부분적이고 작다는 이유만으로 디테일을 간과하는 경우가 있다. 하지만 그랬다간 자칫 기회를 놓쳐버리는 수가 있다. 때론 별로 중요하지 않다고 여겼던 일이 예상치 못한 파급력을 발휘하는 경우도 있기 때문이다. 디테일 역시 그런 경우에 속한다. 마더 테레사 수녀는 이렇게 말했다. "위대한 행동이라는 것은 없다. 위대한 사랑으로 행한 작은 행동들이 있을 뿐이다." 사람들의 작은 선행이 모여 큰 진가를 발휘한다는 의미다. 마윈 역시 이와 같은 말을 남겼다. "작은 회사일수록 큰 뜻을 품고, 큰 회사일수록 디테일한 것을 말해야 한다." 이처럼 디테일한 요소가 가진 잠재적 가능성은 크다. 그러니 디테일하고 작은 요소들을 간과하는 우를 범해선 안 될 것이다.

행복한 가정의 디테일한 모습 벤치마킹하기

"나는 항상 디테일의 중요성을 강조한다. 훌륭한 경영자가 되려면 반드시 가장 기본적인 일부터 완벽하게 챙길 줄을 알아야 한다."

— 레이 크록 (맥도날드 창업자) —

가정은 곧 우리 사회의 희망과 미래다. 그러니 올바른 사회로 나아가는 길이란 곧 가정의 행복을 지키는 일이라고 할 수 있겠다. 누군가는 이렇게 말했다. 행복한 가정을 만들기 위해 남편학교를 세워야 한다고 말이다. 남편학교라니. 재밌는 발상이다. 발상을 조금 더 진전시켜 보자면 다음과 같다. 교육 과정은 총 2년이다. 커리큘럼을 살펴보자. 1학년은 청소, 설거지, 빨래 등 가사노동을 완전히 익히는 단계다. 2학년은 아내, 자녀와의 대화, 유머로 행복한 가정 만들기 등이다. 어떠한가, 제법 그럴싸하지 않은가. 커리큘럼상으로 봐선 간단한 일들로 보인다. 하지만 작은 것들이 모여 큰 힘이 되는 법이니, 이 과정만 충실히 수료한다면 우수한 남편감이 될 수 있겠다.

'탈무드'에 관한 얘기를 해보자. 탈무드는 유대 민족의 생활 규범을 담은 책이다. 탈무드에선 부부관계에 대해 다음과 같이 말하고 있다. "남편이 그럴 만한 가치가 있는 사람이라면, 아내는 남편을 도울 것이다. 그렇지 않다면 아내는 남편에게 반기를 들 것이다." 이 말은 남편이 어떤 사람이냐에 따라 아내의 태도가 달라진다는 점을 시사하고 있다. 누군가는 부부관계를 두고 이렇게 표현한다. "아내는 남편의 경력과 성공에 막대한 지분을 투자한 지배 주주다." 이런 아내라면 세상의 그 어떤 사람보다도 남편을 보호하는 데 큰 힘이 될 것이다.

남성과 여성은 서로 다른 존재다. 신체구조뿐만 아니라 사고방식이나 속성 역시 다르다. 생리적으로도 다른 존재다. 남성들은 대화할 때 주로 필요한 말만 하는 데 익숙하다. 하지만 여성들은 이야기 나누는 것을 좋아한다. 그러니 남편은 아내와의 원만한 관계를 위해서라도 대화를 시도해야 한다. 또한 여성은 남성과 달리 동시에 여러 가지 일을 할 수 있다. 이에 비해 남성은 서로 다른 일을 동시에 진행하는 데 어려움을 겪는다. 남성들은 여성들에 비해 상대적으로 위계질서를 중요시 여긴다. 위계문화에 익숙한 남성들은 남과 허물없이 친구 맺기가 어렵다. 반면 여성들은 격식을 크게 따지지 않는다. 남들과 쉽게 친구가 될 수 있다. 이런 차이점과 이유들로 인해 여성들은 남성보다 행복지수가 높을 것이다. 또한 노후에도 주변에 친구들이 많아 덜 외로울 것이라고 생각된다. 남성과 여성은 이처럼 다르다. 이 사실을 깨닫고 나면 평소 이해하지 못했던 배우자의 어떤 면이 조금이나마 이해될 것이다. 상호 간의 다름을 받아들이고 존중할 때에야 비로소 부부는 일심동체에 가까워질 수 있다.

사람이 살아가는 모습은 다 엇비슷하다. 하지만 각 가정마다 행복도는 조금씩 다르다. 모범적인 가정을 벤치마킹하는 것도 집안의 행복을 이어가기 위한 좋은 시도라고 볼 수 있다. 하지만 무엇보다도 중요한 것은 가정을 이루는 식구들 각자가 책무를 충실히 이행해야 한다는 점이다. 자신에게 주어진 책무를 다하는 노력이 깃들어 있을 때에야 비로소 행복의 길은 열릴 것이다. 그 주된 역할이 원만한 부부 관계에서 이루어짐을 잊어서는 안 된다. 그리고 이미 갖고 있는 것들에 대한 감사한 마음으로 살아간다면 거기에 바로 행복이 있는 것이다.

변화와 성숙으로 평생 행복 이어가기

"삶을 통해 가장 배울 만한 것은 무엇일까. 가장 먼저, 그리고 가장 마지막으로 배우고 이루고자 하는 것이 있다면 그것은 행복에 이르는 길이다."

– 버트런드 러셀 『행복의 정복』 중에서 –

버트런드 러셀은 다음과 같이 말했다. "현대의 도시인들이 느끼는 권태는 삶이 대지로부터 분리되어 있다는 사실과 연관이 있다." 도시는 온통 회색빛이다. 그곳은 생명의 대지와는 거리가 멀다. 그러다 보니 도시인들은 자연스레 갈증에 시달리는 삶을 살아간다. 이런 삶은 곧 조급증을 낳는다. 도시에서 누리는 세속적인 쾌락이란 자극이 강한 쾌락을 말한다. 그것은 대지와는 거리가 먼 종류의 쾌락이다. 세속적인 쾌락은 즐길 당시에 좋을지는 몰라도 시간이 지나면 차츰 답답함과 불안감으로 바뀐다. 사람들은 삶의 권태에 짓눌린 나머지 그 권태로부터 도피하기 위해 강한 자극을 좋게 되고, 그 결과 더욱 나쁜 권태에 빠지고 마는 것이다. 그러니 어떻게 보면 행복한 인생이란 곧 조용한 삶을 말하는 게 아닐까. 진정한 기쁨이란 조용하고 아늑한 분위기 속에 깃들어 있다.

법정 스님의 법문집『한 사람은 모두를 모두는 한 사람을』엔 다음과 같은 말이 실려 있다. "삶이란 우리 모두에게 주어진 행운이므로 지금 여기 이 순간의 행복을 놓치지 말라." 우리는 행복을 위해 산다. 행복이란 온갖 잡념과 번뇌에서 벗어나 마음이 편안해진 정서 상태를 말한다. 지금 이 순간 우리가 사람답게 살 수 있다면 그 안에 행복은 이미 깃들어 있는 법이다. 영혼이 미처 따라올 수 없도록 급하게 살아서는 안 된다. 사람은 누구나 행복하게 살 능력을 지니고 있다. 그러한 잠재력을 묵혀두지 말고 마음껏 발휘해서 세상과 조화를 이루어야 한다. 그렇다면 우리는 현재 이러한 모습으로 살아가고 있는가. 한번 되돌아볼 필요가 있다. 또한 가정의 행복을 위해 가족 모두가 어떠한 방향으로 가고 있는지도 함께 생각해 보아야 한다.

무슨 일을 하든지 간에 처음 시작할 때는 어려움이 따르기 마련이다. 그럴수록 문제해결의 기틀을 다지는 일이 중요하다. 생활 실천 로드맵은 바로 그러한 기틀의 역할을 한다. 가정 행복의 꿈을 설계하여 생활 실천 로드맵으로 꾸준히 실천할 때, 가정의 진정한 행복을 꿈꿀 수 있다. 행복에 대한 기준은 사람마다 다르다. 행복 추구는 모든 인간들의 공통적인 욕망이다. 행복은 어느 순간에 갑자기 달성되는 그런 것이 아니다. 지금 이 순간부터 조금씩 기틀을 다져가야 행복한 미래를 꿈꿀 수 있다.

부모와 자녀의 관계 역시 중요하다. 자녀는 때론 부부간의 위기를 넘길 수 있게 하는 완충지대 역할을 하기도 한다. 하지만 때론 부모와 자녀의 갈등의 골이 깊어지는 경우도 있다. 행복한 가정을 이루려면 자녀를 있는 그대로 받아들여야 한다. 또한 나의 자녀를 남의 자녀와 비교하지 말아야 한다. 부모와 자녀 간의 소통 속에는 사랑하는 마음이 있어야 한다. 또한 대화할 때는 부모의 입장에서 가급적 경청하는 자세로 임하되, 자녀의 감정과 마음을 듣는 노력이 필요하다. 행복한 가정의 성공을 위해서는 세 가지 마음이 있어야 한다. 초심, 열심, 뒷심이다. 이를 유지하기 위해서는 긍정과 열정의 에너지가 있어야 한다. 무엇을 하고자 하는 의지가 앞서야 좋은 성과를 낼 수 있다. 자녀는 어른이 되어서야 부모의 마음을 이해한다고 했다. 어렸을 때는 부모의 심정을 헤아리려는 마음보다는 자신의 입장만을 고집하기 마련이다. 특히 사춘기 시절엔 더욱 그렇다. 그만큼 판단이 흐린 시기다. 그럴수록 부모는 자녀가 엇나가지 않고 바른길로 갈 수 있도록 늘 주의 깊게 살펴보아야 한다.

세계 행복지수와
가정 행복의 미래 비춰보기

"위대한 성과는 소소한 일들이 모여 조금씩 이루어진 것이다."

– 빈센트 반 고흐 –

UN에서는 해마다 세계 행복 보고서를 발표한다. 세계 행복지수는 나라의 국내 총생산(GDP), 사회지수, 기대수명, 자유, 부패지수 등을 종합하여 평가한다. 2018년도 세계에서 가장 행복한 나라로는 핀란드가 선정되었다. 행복지수가 높은 국가 1~5위는 핀란드, 노르웨이, 덴마크, 아이슬란드, 스위스 순이다. 우리나라의 국가 행복 수준은 세계 141개 국가 중의 57위다.(2018년도 기준) 중위권이라고 볼 수 있다. 34개 OECD 국가 중에서는 32위로 거의 최하위권이라고 할 수 있겠다. 특히 놀라운 것은 행복 수준이 지난 5년간 지속적으로 나빠지고 있다는 점이다. 즉 2013년에는 42위, 2015년에는 47위, 2017년에는 56위, 그리고 2018년에는 57위로 떨어졌다. 핀란드가 행복지수가 높은 나라로 선정

될 수 있었던 이유는 무엇일까. 그것은 바로 핀란드 국민들의 생활방식에 달려 있다. 그들은 단순하고 소박한 방식으로 자족하는 삶을 살고 있다. 하지만 우리나라는 어떠한가. GDP가 세계 11위인데 반해 행복지수는 58위에 그치고 있다. 이유는 무엇일까. 그것은 아마도 타인과 나 자신을 비교하는 사회적 분위기 때문이 아닐까 한다.

여기에서 2016년도 행복지수가 1위였던 덴마크의 비결이 무엇인지 살펴보고자 한다. 예를 들면, 덴마크인들은 비싼 명품이나 화려한 것보다는 부모님께 물려받은 귀중품이나 가죽 시계 등에서 기쁨을 느낀다고 한다. 또한 쿠키를 먹을 때에도 사 먹지 않고 직접 만들어 먹는 행위에서 만족감을 느낀다고 한다. 이들에게는 행복한 삶을 위한 '휘게(Hygge Life, 느긋하게 함께 어울린다는 뜻)' 규칙이란 것이 있다. 이 규칙이 무엇인지 살펴보자.

첫째, 집안의 조명을 아늑하게 하라. 밝은 빛보다는 편안하고 안정감이 있도록 조명을 약하게 하는 것이 좋다. 그 옛날 호롱불 밑에서 가족들이 옹기종기 모여 앉아 있을 때의 오붓한 느낌이라고 할까. 저녁 시간이 되면 가족 모두가 모여 촛불을 그윽하게 켜놓고 있는 것도 하나의 방법이 될 듯

하다.

둘째, 달콤한 음식을 섭취하며 행복감을 느껴라. 달콤한 음식엔 행복 호르몬인 세로토닌이 풍부하다고 한다. 세로토닌이 풍부한 음식으로는 바나나, 초콜릿, 호두, 호박씨, 우유, 닭고기, 달걀 등이 있다.

셋째, 휴대폰 전원을 끄고 가족들과의 시간에 충실하라. 요즘 새로운 사회문제로 대두되고 있는 것이 바로 스마트폰이다. 사람들이 스마트폰 사용에 열을 올리다 보니 식구들과의 대화에 소홀해지고 있다. 그래서 가정 내의 규칙을 정해서라도 휴대폰 전원을 끄고 대화에 임하는 시간을 갖도록 해야 한다.

넷째, 추억을 화제로 삼아 편안하고 유익한 대화를 하라. 가족과의 즐거웠던 추억을 되새김질하는 것이 좋다. 이야기를 끌어내는 일이 중요하다.

행복은 곧 마음의 습관이다. 행복을 선택하는 연습을 해야 한다. 오늘날 한국 사회는 경쟁심리가 팽배하다. 남을 이기고 승자가 되려고 하니 다툼이 생기고 갈등의 골이 깊어지고 있다. 사람들은 행복의 대상 최우선 순위로 '가족'을 꼽았다고 한다. (초록우산 어린이재단에서 2018년 5월 발표) 우리나라 어린이들을 대상으로 행복과 관련한 조사를 했는데, 조사결과에 의하면 어린이들이 가족과 함께하는 시간은 하루에 고작 13분이라고 한다. 상황이 이러니 아이들이 가족을 그리워할 수밖에 없다.

국가의 행복 역시 가정의 행복과 밀접한 관련이 있다. 가정이 행복해야 국가가 행복한 법이다. 자녀가 바라는 가족의 이미지와 부모가 바라는 가족의 이미지는 어쩌면 일치하지 않을지도 모른다. 이러한 불일치는 종종 가족 간의 갈등을 야기한다. 그러니 대화를 통해 서로의 이상향을 일치시키는 편이 바람직하다. 대화를 통해 부모와 자식 관계를 증진시키고, 감정 코치 및 대화법 등을 배워 적용하는 것이 좋은 방법이라고 할 수 있겠다.

행복은 강도가 아니라 빈도이다. 커다란 기쁨을 한 번 느끼기보다는 작은 기쁨을 여러 번 느끼는 일이 중요하다. 그런 면에서 행복은 아이스크림과 비슷하다. 달콤한 쾌락을 선사해 주지만 언젠간 반드시 녹아 없어진다. 행복 공화국에는 냉장고가 없다는 말이 있다. 모든 것은 언젠간 녹는다는 사실을 받아들이자. 이 얄궂은 사실 앞에서 우리가 할 수 있는 일이라곤 아이스크림을 여러 번에 걸쳐 자주 맛보는 일뿐이다.

부부는 서로 같으면서도 다른 성질을 갖고 있다. 같은 점을 찾지 못했다면 만나지 못했을 것이고, 다른 점을 발견하지 못했다면 서로에 대한 흥미와 매력을 발견하지 못했을 것이다.

부부가 건강한 관계를 유지할 수 있는 방법을 알아보자. 우선 서로의 다른 점을 받아들여야 한다. 서로의 다른 점을 받아들이고 배려할 때, 사랑은 끈끈히 지속될 수 있다. 게리 토마스는 말했다. "사람들은 저마다 원하는 사랑의 방식이 다르다. 사랑의 방식에는 다음과 같은 것들이 있다. 인정하는 말, 함께하는 시간, 선물, 봉사, 스킨십. 이 다섯 가지 중 하나를 원한다."라고 하였다. 그런데 문제는 자신이 주고 싶은 사랑의 방법과 상대방이 받고자 하는 사랑의 방법이 다르다는 점이다. 이 간극에서 종종 문제가 발생한다. 서로 다른 사랑의 언어를 어떻게 표현하는지, 상대가 원하는 사랑의 언어는 무엇인지 한번 체크해 보는 것이 좋겠다. 이처럼 부부가 대화와 약속을 통해 행복을 가꾸어나갈 때, 나라의 행복 역시 증진시킬 수 있으리라.

새끼손가락 하이파이브
부부 행복을 위한 Tip 5

– 부부 행복을 디테일하게 접근하지 못한 이들에게 –

① 부부가 된다는 건 식구들의 수가 늘어남을 의미한다. 자식, 친척, 이웃들. 이들과 함께하는 시간이 늘어난다는 것이다. 그렇기 때문에 부부 행복에 대해 알고자 한다면 우선 부부에 대한 깊은 이해가 있어야 한다.

② 행복을 위해 멀리 바라보고 꿈을 키워가는 부부는 흔치 않다. 부부는 평생의 인연이다. 그러니 행복을 바라보며 아름다운 삶을 만들어가야 한다. 행복을 향한 계획은 부부 간의 상호 협의 아래 원만하게 진행되어야 할 것이다.

③ 부부가 어떤 목표를 향해 꾸준히 실천하는 경우는 흔치 않다. 어떤 의지와 계획을 가졌더라도 그것을 막상 실행에 옮기려면 쉽지 않기 때문이다. 노력만이 성과를 가져다준다. 그러니 끈기를 갖고 앞으로 나아가야 한다.

④ 단란하고 화목한 가정들이 있다. 그런 반면 불화가 끊이질 않는 가정도 있다. 후자의 경우를 살펴보자. 그들은 남들이 잘 사는 모습을 부러워한다. 하지만 정작 노력은 하지 않는다. 그래선 안 된다. 모범적인 경우를 벤치마킹해서 자신의 것으로 만드는 꿈을 키워야 한다.

⑤ 부부 행복을 향한 설계는 평생의 숙제다. 평생에 걸쳐 꾸려가야 하는 일이다. 어떤 실천이 꾸준히 지속된다는 것은 쉬운 일이 아니다. 좋은 성과를 거두려면, 주기적인 자기반성과 평가가 이뤄져야 한다. 1년, 5년, 10년 등 적절한 간격을 두고 단계적으로 풀어가야 한다.

⑥ 행복을 향한 길은 그만큼 험난하고 멀다. 그러니 목표를 한번 설정했다면 뚝심 있게 밀고 나아가야 한다. 그래야 결과에 대한 보람을 느낄 수 있다.

⑦ 부부가 평생을 행복하게 살아간다는 것은 결코 쉬운 일이 아니다. 삶의 고난과 시련이 따르기 때문이다. 때문에 부부간의 소통을 통해 한계점을 잘 극복해야 한다.

남편이여!
이제 아내 사랑의 기술을 배워서
평생 행복하라!

사랑도 기술이다

사랑도 기술이라고 한다. 습득과 실천 과정이 필요하기 때문이다. 부부 관계는 사랑을 바탕으로 한 관계다. 사랑은 개인부터 시작해서 부부로, 가족으로, 지역으로, 사회로, 국가로, 세계로 번져나간다. 그렇다면 부부는 가장 기본적인 위치에서 인류의 행복을 만들어가는 초석 역할을 하는 셈이다. 그러나 불행하게도 부부가 헤어지는 경우가 갈수록 증폭되고 있다. 이는 비단 부부 두 사람만의 문제가 아니다. 자녀들의 장래에도 영향을 미친다. 오늘날 이혼은 심각한 사회 문제로 대두되고 있다.

하이파이브 부부 행복을 출간하게 된 배경

우선 이 책을 출간하게 된 배경을 설명하자면 이렇다. 아주 오래전에 복지시설에서 봉사 활동을 한 적 있다. 시설에서 다양한 사람들을 만났다. 그중에서도 천진난만한 어린아이들의 눈망울이 기억에 남는다. 아이들을 바라볼 때마다 마음 한편이 몹시도 괴로웠다. 그때의 기억을 떠올릴 때마다 부부의 역할이 얼마나 중요한 것인지 새삼 깨닫곤 한다.

우리는 과연 '행복'을 어떻게 받아들이고 있는가. 세상의 흐름에 등 떠밀려 소중한 가족을 내팽개치듯 하고 있지는 않은가. 이 책은 이런 자문에서 출발한 책이다. 부부는 자녀의 장래를 챙겨야 한다. 그것이 부부의 책무다. 그럼에도 이혼율이 매년 상승하고 있으니 참으로 가슴 아픈 일이 아닐 수 없다. 이런 생각을 하다 보면 문득 나 자신도 되돌아보게 된다. 정년을 맞이한 맞벌이 부부로서, 직장 일이 바쁘다는 핑계로 집안일을 많이 도와주지 못한 점이 마음에 걸린다. 물론 나름대로 집안일을 거들어준 적은 있다. 하지만 그마저도 마음에서 우러나온 것이 아니었다. 나도 모르게 반성하는 마음이 되었다. 예전엔 그랬다. 집안일은 집사람의 일이고, 남편은 그저 집안일을 도와주고 거들 뿐이라고 생각했다. 그러나 이건 잘못된 생각이었다. 집안일도 남편의 일로서 당연히 해야 할 몫이라는 사실을 뒤늦게야 깨달은 것이다. 퇴직 후 집에 있는 시간이 많아지다 보니 자연스레 집안일을 거들게 되었다. 실제로 집안일을 살펴보니, 손이 가는 일들이 너무나 많았다. 남편이 하는 일이야 세탁하고 청소기 돌리는 일, 설거지, 그리고 쓰레기 분리하는 일 등 극히 제한적인 일인 경우가 많다. 그럼에도 대부분의 남편들은 집안에서 TV나 신문을 보는 등 별다른 일을 하지 않는다. 집안일을 꺼리고 있을 뿐이다.

과거에 비하면 요즘은 나아진 편이다. 사회 분위기가 많이 바뀌었다. 과거에 비하면 남편들이 집안일을 많이 돌본다. 하지만 아직까지도 개선할 부분이 많다. 집안일은 가정의 행복과 직결되는 문제다. 그렇기 때문에 남편의 역할을 소홀히 할 수 없는 노릇이다. 작은 일들이 모여서 큰 일을 이뤄내듯, 남편들의 작은 정성이 모여 사랑이 된다. 남편이 가장으로서의 책무를 다하는 것을 당연한 도리로 받아들여야 한다. 자녀들은 부모의 모습을 보고 배운다. 그러니 부모는 자식들 앞에서 모범을 보여야 할 것이다.

가정불화의 원인은 어디에 있을까. 주된 원인은 남편들에게 있다. 가정에 대한 남편들의 무관심, 아내에 대한 배려심

부족. 이것들이 불화의 씨앗이다. 물론 모든 남편이 그런 것은 아니다. 하지만 일부 남편들은 아직도 가부장적인 사고방식을 벗어나지 못하고 있다. 이 문제를 해소하는 것에 어려움이 있다. 부부 관계가 원만하면 가정은 불화를 겪지 않는다. 남편은 초심을 잃지 말고 아내를 지켜줘야 한다. 남편은 아내의 소중함을 하루빨리 깨달아야 한다. 깨달았다면 반드시 실행으로 옮겨야 한다. 아내는 남편에게 큰 것을 바라지 않는다. 남편의 작은 관심과 애정도 아내에겐 큰 힘이 된다. 사랑 표현만 잘해줘도 아내는 바랄 게 없다. 남편은 아내를 존경해 줘야 한다. 그렇지 않으면 자칫 아내에게 상처를 줄 수 있다. 이건 아내 역시 마찬가지다. 그리고 부부가 살아가면서 건강이 따라주지 않으면 아무것도 해낼 수 없다. 평상시 아내의 건강에 대해 신경을 써주고 보살피는 노력을 아끼지 말아야 한다.

자신의 일에 집중하다 보면 행복은 자연스레 찾아오게 되어있다. 행복한 가정을 향해 나아갈 수 있도록 부부가 징검다리 역할을 잘 해야 한다. 살아 있음에 감사하고 매 순간을 소중히 여겨야 한다. 그렇다면 머지않아 행복은 찾아올 것이다. 성공을 거머쥐는 건 어려운 일이지만, 행복은 그렇지 않다. 사소한 습관 몇 가지만 바뀌어도 누구나 충분히 행복해질 수 있다. 변화 없이 행복을 이룰 순 없다. 변화가 있어야 행복에 도달할 수 있다.

 공자는 "사람이 멀리 보지 않으면 반드시 가까운 때에 근심이 생긴다."라고 하였다. 앞으로 더 나은 방향을 찾기 위해서는 미래에 대비해야 한다. 세상이 바뀐 만큼 삶의 방식과 목표도 바뀌어야 한다. 멀리 보고 살아야 보다 밝은 길로 나아갈 수 있다. 미래의 길을 찾지 못하는 것은 멀리 보지 못하기 때문이다. 과거엔 사람들의 형편이 어려웠다. 하지만 이제는 풍요 속에 살고 있다. 이러한 풍요로움을 잘 활용해야 한다. 그래서 더 멀리 가는 기회를 만들어야 한다. "빨리 가려면 혼자 가고, 멀리 가려면 함께 가라."라는 말이 있다. 행복도 마찬가지다. 부부가 일심동체가 되어 가족과 함께할 때, 더 큰 시너지 효과를 발휘할 수 있다.

하이파이브 부부 행복이 출간되기까지 많은 분들의 격려
와 응원이 있었습니다. 먼저 아내에게 고마움을 표합니다.
아내의 격려와 도움이 없었다면 이 책은 태어나지 못했을
겁니다. 함께 책을 만들어줘서 고마워요, 여보. 추천의 글과
코칭으로 세심한 도움을 주신 박성배 박사님에게도 감사드
립니다. 하이파이브 부부 행복을 읽는 독자 여러분에게 행
복이 넘치기를 소망합니다.

내가 오른손이라면 당신은 왼손
서로 다른 우리가 만나 외치는 하이파이브,
부부행복이 곧 가정의 행복으로 가는 지름길
입니다.

| 권선복
도서출판 행복에너지 대표이사

오늘날 불화를 겪는 가정들이 적지 않습니다. 왜일까요.
오랜 세월 동안 남남이었던 남녀가 만나 어느 날 한 지붕 아
래에서 살 맞대고 사는 일. 그게 바로 결혼이고 가족으로 사
는 일입니다. 다툼과 불화가 없는 것도 그리 이상한 일은 아
니지만 다툼의 방식을 달리해 볼 수는 있습니다.

건강한 관계일수록 조금 더 '잘 다투고' '잘 화해하는' 법입
니다. 김진수 저자님의 이 책은 부부간의 소통방식에 대해
얘기하고 있습니다. 단순히 싸우지 말자는 구호에서 그치는
것이 아니라 어떻게 하면 갈등을 '잘' 풀어나갈 수 있을 것인

가에 관해 고민하며 쓴 책입니다. 조금 더 현실적이고 구체적인 답안을 제시하며 저자는 이렇게 말하고 있습니다. 화목으로 가는 길은 결국 서로 간의 인내와 말 한마디에 달려 있다고 말입니다. 읽다 보면 어느새 '아, 그때 그래서 그랬구나…' 하는 깨달음과 함께 상대방에게 쌓여 있던 감정의 앙금이 조금이나마 해소되는 것을 느낄 수 있을 것입니다.

가정의 화목을 고민하고 있는 모든 분들에게 이 책은 해결의 실마리를 제시해 주는 훌륭한 지침서가 될 것입니다.

부부행복은 곧 가정의 행복입니다. 오늘 저녁, 남편 혹은 아내, 자녀들에게 먼저 다가가 따뜻한 말 한마디 건네보는 것은 어떨까요. 말 한마디로 가정의 분위기가 환하게 밝아질 것입니다. 이 책을 읽는 독자 분들의 가정에 회복으로 가는 웃음꽃이 피어나기를 진심으로 기원합니다.

하루 5분 나를 바꾸는 긍정훈련

행복에너지

**'긍정훈련'당신의 삶을
행복으로 인도할
최고의, 최후의'멘토'**

'행복에너지
권선복 대표이사'가 전하는
행복과 긍정의 에너지,
그 삶의 이야기!

인터파크
자기계발 분야 주간
베스트 1위

권선복

도서출판 행복에너지 대표
지에스데이타(주) 대표이사
대통령직속 지역발전위원회
문화복지 전문위원
새마을문고 서울시 강서구 회장
전) 팔팔컴퓨터 전산학원장
전) 강서구의회(도시건설위원장)
아주대학교 공공정책대학원 졸업
충남 논산 출생

책『하루 5분, 나를 바꾸는 긍정훈련 - 행복에너지』는 '긍정훈련' 과정을 통해 삶을
업그레이드하고 행복을 찾아 나설 것을 독자에게 독려한다.
긍정훈련 과정은[예행연습] [워밍업] [실전] [강화] [숨고르기] [마무리] 등
총 6단계로 나뉘어 각 단계별 사례를 바탕으로 독자 스스로가 느끼고 배운 것을
직접 실천할 수 있게 하는 데 그 목적을 두고 있다.
그동안 우리가 숱하게 '긍정하는 방법'에 대해 배워왔으면서도 정작 삶에 적용시키
지 못했던 것은, 머리로만 이해하고 실천으로는 옮기지 않았기 때문이다. 이제
삶을 행복하고 아름답게 가꿀 긍정과의 여정, 그 시작을 책과 함께해 보자.

『하루 5분, 나를 바꾸는 긍정훈련 - 행복에너지』